RKW-EDITION

Kurt Nagel | Jan-Henrik Schröter | Simon Hiller

Die Innovations-Bilanz

Methoden zur Analyse und Bewertung
von Innovation, Qualität und Personalentwicklung
in Unternehmen

Verlag Wissenschaft & Praxis

Bibliografische Information der Deutschen Nationalbibliothek

Die Deutsche Nationalbibliothek verzeichnet diese Publikation in der Deutschen Nationalbibliografie; detaillierte bibliografische Daten sind im Internet über http://dnb.d-nb.de abrufbar.

ISBN 978-3-89673-616-1

© Verlag Wissenschaft & Praxis
Dr. Brauner GmbH 2012
D-75447 Sternenfels, Nussbaumweg 6
Tel. +49 7045 93 00 93 Fax +49 7045 93 00 94
verlagwp@t-online.de www.verlagwp.de

Druck und Bindung: Esser Druck GmbH, Bretten
© Einbandgrafik: ferkelraggae – fotolia.com

Alle Rechte vorbehalten

Das Werk einschließlich aller seiner Teile ist urheberrechtlich geschützt. Jede Verwertung außerhalb der engen Grenzen des Urheberrechtsgesetzes ist ohne Zustimmung des Verlages unzulässig und strafbar. Das gilt insbesondere für Vervielfältigungen, Übersetzungen, Mikroverfilmungen und die Einspeicherung und Verarbeitung in elektronischen Systemen.

Inhaltsverzeichnis

1. **Einleitung** 9
   1.1 Die Problemstellung und der Lösungsansatz 9
   1.2 Der Nutzen für Ihr Unternehmen 9
   1.3 Die drei Bausteine der Bewertung 11
   1.4 Ziele und Methodik 12
   1.5 Die Basis der Bewertungsansätze – das System der 4 P's 12
       1.5.1 Produkte (HARDWARE) 14
       1.5.2 Problemlösungen für Zielgruppen (SOFTWARE) 16
       1.5.3 Prozess-Optimierung (BRAINWARE) 17
       1.5.4 Partnerschaften (NETWARE) 18

2. **Innovations-Management** 23
   2.1 Die Problemstellung 23
   2.2 Die Innovations-Bilanz: Ziele und Methodik 25
   2.3 Analyse 26
       2.3.1 Baustein 1: Voraussetzungen für Innovationen 26
       2.3.2 Baustein 2: Stärke der Innovationskraft 32
       2.3.3 Baustein 3: Potentiale der Innovationen 36
   2.4 Auswertungen 40
       2.4.1 Die Innovations-Bilanz 40
       2.4.2 Voraussetzungen für Innovationen 43
       2.4.3 Stärke der Innovationskraft 44
       2.4.4 Potentiale der Innovationen 45
       2.4.5 Frühwarnsystem 50

3. Qualitäts-Management 51

3.1 Die Problemstellung 51

3.2 Die Qualitätsmanagement-Bilanz: Ziele und Methodik 54

3.3 Analyse 55

    3.3.1 Baustein 1: Voraussetzungen für das QM 56

    3.3.2 Baustein 2: Aktuelle Stärke des QM 60

    3.3.3 Baustein 3: Potentiale des QM 65

3.4 Auswertungen 69

    3.4.1 Die QM-Bilanz 69

    3.4.2 Voraussetzungen für das QM 72

    3.4.3 Stärke des QM 73

    3.4.4 Potentiale des QM 74

    3.4.5 Frühwarnsystem 77

4. Personal-Entwicklung 79

4.1 Die Problemstellung 79

4.2 Die Personalentwicklungs-Bilanz: Ziele und Methodik 85

4.3 Analyse 85

    4.3.1 Baustein 1: Voraussetzungen für die PE 86

    4.3.2 Baustein 2: Stärke der PE 90

    4.3.3 Baustein 3: Potentiale der PE 94

4.4 Auswertungen 98

    4.4.1 Die PE-Bilanz 98

    4.4.2 Voraussetzungen für die PE 101

    4.4.3 Stärke der PE 102

    4.4.4 Potentiale der PE 103

    4.4.5 Frühwarnsystem 106

5. Zusammenfassung und Schlussfolgerungen ... 107

5.1 Zusammenfassung ... 107

5.2 Schlussfolgerungen ... 109

6. Analysen zur Konkretisierung der Handlungsmaßnahmen ... 111

6.1 Trend-Analyse ... 111

6.2 Analyse der Alleinstellungsmerkmale und Mehrwerte ... 120

6.3 Mitbewerber-Analyse ... 124

6.4 Messung der Kundenzufriedenheit ... 131

6.5 4 P's des Qualitätssystems ... 135

6.6 Mitarbeiter-Umfrage ... 141

7. Schlusswort ... 151

8. Literaturverzeichnis ... 153

9. Angaben zu den Autoren und Service ... 155

1. Einleitung

1.1 Die Problemstellung und der Lösungsansatz

Ein bis heute ungelöstes Problem

Wie wirken sich

- Innovationsmaßnahmen
- Qualitätsmaßnahmen
- Personal-Entwicklungsmaßnahmen

von heute in der Bilanz- und Ertragslage von morgen aus?

Der Lösungsansatz:

- Die Innovations-Bilanz (Innovationsmanagement)
- Die QM-Bilanz (Qualitätsmanagement)
- Die PE-Bilanz (Personalentwicklung)

1.2 Der Nutzen für Ihr Unternehmen

Der Nutzen im Überblick

Der Lösungsansatz

- ist identisch für alle drei Anwendungsbereiche,
- ist leicht nachvollziehbar,
- ist schnell anwendbar,
- ist für alle Betriebsgrößen nutzbar,
- ist branchenübergreifend anwendbar,
- ist für Unternehmen und Kreditinstitute aussagefähig,
- trägt zur Senkung der Unsicherheit bei,
- ist als Controlling-Instrument verwendbar,
- ist für die Zukunftsfähigkeit von Unternehmen bedeutsam.

Der Nutzen im Detail

Nachvollziehbarkeit

Die Fragebögen und Analysen wurden auf der Basis der tatsächlichen Bedürfnisse von Unternehmen entwickelt und zeichnen sich somit durch große Praxisnähe aus. Die verständlichen Fragen und Ergebnisse sind übersichtlich strukturiert und erlauben eine einfache Selbstbewertung.

Geringer Aufwand

Die Analyse kann sowohl vom Unternehmer selbst als auch von Führungskräften innerhalb von ca. einer halben Stunde durchgeführt werden.

Vielseitige Verwendung

Neben der internen Verwendung können die Analysen auch als Unterstützung in der Kommunikation mit Partnern dienen (z. B. Banken, Kunden, Lieferanten etc.). Die Analysen bieten beispielsweise in Beteiligungs- oder Bankgesprächen eine für alle Akteure verständliche Grundlage, um künftige Entwicklungen plausibel darzustellen. Dies hat zur Folge, dass sich der Fokus der Beurteilung von vergangenheitsbasierten Bewertungen, zum Beispiel Bilanzen, hin zu künftigen Chancen verschiebt.

Senkung der Unsicherheit

Durch die genaue Kenntnis der aktuellen Leistungsfähigkeit sinkt die Unsicherheit der Entscheider. Neben dem unternehmerischen Instinkt können diese nun auch das Wissen aus den durchgeführten Analysen nutzen, um fundierte Entscheidungen für das Unternehmen zu treffen.

Controlling-Instrument

Im Rahmen einer wiederholten Durchführung können die Bilanzen als Controlling-Instrument zur regelmäßigen Bewertung verwendet werden. Zeitliche Entwicklungen und die Auswirkungen der durchgeführten Handlungsmaßnahmen und Aktivitäten können somit untersucht und bewertet werden.

Stärkung der Zukunftsfähigkeit von Unternehmen

Die Auswertung zeigt die Stärken und Schwächen des Unternehmens im jeweiligen Bereich auf. Diese Transparenz führt zur Erkenntnis von Verbesserungspotentialen im eigenen Unternehmen. Erste konkrete Tipps und Vorschläge zur Verbesserung ergänzen die Auswertung.

Die Transparenz der Ergebnisse und somit das Bewusstsein über die eigenen Stärken und Schwächen führen dazu, dass die Anstrengungen zur tatsächlichen Verbesserung erhöht werden. Wer will schon in einem Jahr feststellen, dass sich nichts verändert hat?

1.3 Die drei Bausteine der Bewertung

Baustein 1: Wie gut sind die Voraussetzungen für Innovationen, QM und PE?

Lösungsansatz:

Erste Standortbestimmung in einem Phasenmodell für heute und morgen.

Untersuchung der Bereiche
- Strategie
- Organisation
- Führung/Mitarbeiter
- Kundenorientierung

Baustein 2: Wie ist der Status bei der Generierung von Wettbewerbsvorteilen in den 4 P's?

1. Produkte/Dienstleistungen
2. Problemlösungen für Zielgruppen
3. Prozess-Optimierung
4. Partnerschafts-Lösungen

Baustein 3: Wie ist die individuelle Einschätzung des potentiellen Einflusses auf den Umsatz und den Rohertrag des Unternehmens?

1.4 Ziele und Methodik

Der ganzheitliche Ansatz hat für Sie und Ihr Haus folgende Vorteile:

1. Sie finden sehr pragmatisch die Stärken und Schwachstellen der generellen Voraussetzungen in Ihrem Unternehmen (BAUSTEIN 1).
2. Sie erfahren, wie gut Sie in den Entwicklungsmaßnahmen aufgestellt sind (BAUSTEIN 2).
3. Sie erkennen durch Quantifizierung der Potentiale die Auswirkungen für die Zukunft (BAUSTEIN 3).

Die Beurteilung des Status und des Potentials in den drei Bereichen Innovationen, Qualitätsmanagement und Personalentwicklung erfolgt anhand eines Fragebogens.

In der daraufhin folgenden Auswertung werden die verschiedenen Felder analysiert, bewertet und graphisch übersichtlich dargestellt.

1.5 Die Basis der Bewertungsansätze – das System der 4 P's

Die Welt im Bereich der Unternehmensführung steht Kopf. Vieles was früher richtig war, ist heute mehr und mehr mit einem Fragezeichen zu versehen. Dies betrifft Erfahrungen, Konzepte und Methoden ebenso wie Prognosen, Werteinstellungen und Umfeldänderungen. Die Turbulenzen nehmen zu.

Wer als Unternehmer heute erfolgreich agiert, kann morgen nur dann gute Zahlen schreiben, wenn Postulate wie

- Schnelligkeit,
- Flexibilität und
- Innovation

ständig im Unternehmen gelebt werden.

Schnelligkeit

Das ökologische Gesetz des Lernens besagt, dass eine Spezies nur dann überleben kann, wenn ihre Lerngeschwindigkeit gleich oder größer ist als die Änderungsgeschwindigkeit des Umfeldes. Dieses Gesetz lässt sich auch auf Unternehmen übertragen. Eine Analyse der Änderungsgeschwindigkeit der externen und internen Faktoren ist unabdingbar.

Schnelligkeit ist eine wesentliche Säule jeder Erfolgsstrategie. Es gilt, Entscheidungen schneller zu treffen. Tom Peters, ein erfolgreicher US-amerikanischer Management-Berater, unterstreicht die Bedeutung schneller Entscheidungen indem er sagt, dass ein Großteil der Entscheidungen alleine deshalb schon falsch sind, weil sie zu spät getroffen werden. Auch Michael Porter, ein weltbekannter Wettbewerbsstratege, fordert von den Unternehmen eine aktive Rolle. Ansonsten laufen sie Gefahr, Veränderungen hinnehmen zu müssen, die andere eingeleitet haben.

Flexibilität

Eine weitere Säule für erfolgreiches Agieren im Wettbewerb ist die Flexibilität der Organisation und der Organisationsmitglieder. Die Zusammenarbeit aller Unternehmensmitglieder, eine Kürzung überflüssiger Hierarchieebenen und ein vernetztes, kybernetisches Denken sind notwendig. Um diese Fähigkeiten aber nutzen zu können, ist es unabdingbar, die eigenen Stärken und Schwachstellen zu analysieren. Es ist wichtig, sich dabei insbesondere auf die eigenen Stärken zu besinnen.

Innovation

Die dritte wesentliche Säule für erfolgreiche Unternehmen sind Innovationen:

- Produkt-/Dienstleistungs-Innovationen
- Problemlösungs-Innovationen für Zielgruppen
- Prozess-Innovationen
- Partnerschafts-Innovationen

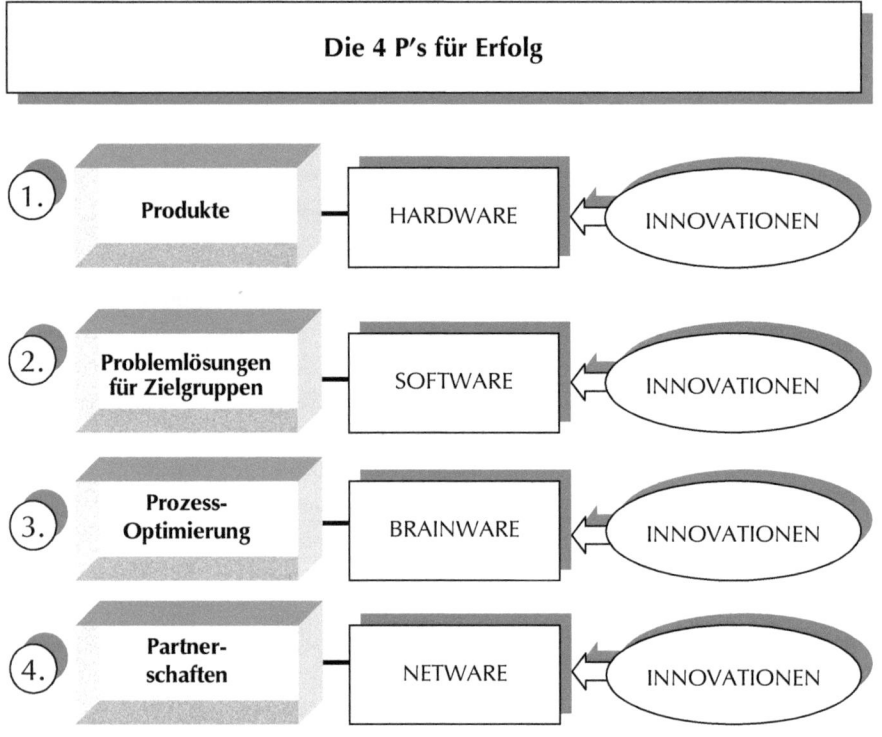

Die 4 P's bilden bei den Analysen der drei Erfolgsfaktoren Innovation, Qualität und Personalentwicklung eine wichtige Rolle. Die Strukturierung stellt eine wichtige Säule im Bewertungsprozess dar. Im Folgenden werden die 4 P's näher beschrieben.

1.5.1 Produkte (HARDWARE)

- „Dem Kunden ist es in Zukunft immer häufiger egal, wo und von wem er seine Leistung kauft."
  Deshalb kommt es darauf an, dem Kunden einen Mehrwert zu bieten, der dem Unternehmen wenigstens für eine gewisse Zeit einen Wettbewerbsvorteil einbringt – ob in qualitativer, servicemäßiger, innovativer oder emotionaler Hinsicht.

- „Wettbewerbsvorteile werden heute nicht mehr in Jahren gemessen, sondern in Monaten oder sogar in Wochen."
  Die Betonung der Zeitkomponente macht deutlich, dass es Mitbewerbern immer schneller gelingen wird, den erzielten Vorsprung einzuholen (siehe Abbildung „Von der Produkt- zur Problem- zur Prozess- und Partnerschaftslösung")
- „Standard-Produkte und standardisierte Dienstleistungen werden verstärkt austauschbar." „Insbesondere die ausländische Konkurrenz ist kurzfristig in der Lage, als Produkt-Imitator aufzutreten und regelmäßig kostengünstiger anzubieten."
  In Einzelfällen kennt man sogar die Lieferanten für die Maschinen und Materialien und ordert ebenfalls in diesen Häusern. Die Wettbewerbsvorteile durch den Innovator sind meist auf maximal sechs Monaten begrenzt.

Für die Wirtschaft erhalten Innovationen einen immer höheren Stellenwert. In der Vergangenheit und auch noch in der Gegenwart stand bzw. steht im Mittelpunkt des innovativen Denkens die Produkt-Innovation. Um Wettbewerbsvorteile zu erreichen, war und ist es deshalb notwendig, die richtigen Produkte zur richtigen Zeit der richtigen Zielgruppe zu offerieren.

Die Wettbewerbsvorteile durch spezifische Produkte und Dienstleistungen waren in der Vergangenheit oft ein „sanftes" Ruhekissen. Heute stellt sich das Bild jedoch zunehmend anders dar: Die zeitlichen Wettbewerbsvorteile bestehen häufig nur kurzfristig. Die Mitbewerber sind in der Lage, rasch zu imitieren und zu verbessern.

Künftig wird es nicht mehr ausreichen, nur einzelne, isolierte Produkte dem Markt anzubieten. Wer meint, in den kommenden Jahren mit z.B. einer „Pumpe" die notwendigen Umsatzzahlen erreichen zu können, wird sich schwer tun. Was der Markt fordert, ist ein „Entsorgungssystem".

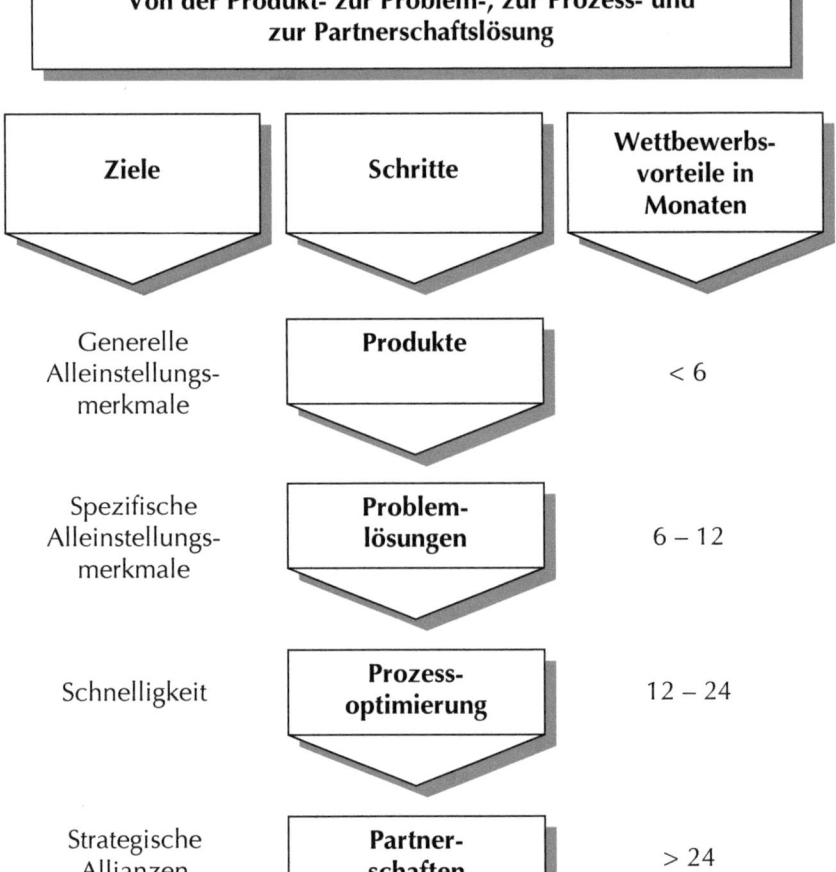

1.5.2 Problemlösungen für Zielgruppen (SOFTWARE)

Will man die Wettbewerbsvorteile zeitlich ausdehnen, dann wird es zweckmäßig sein, Problemlösungsangebote für Zielgruppen zu erarbeiten. Diese Angebote stiften einen Zusatznutzen für die einzelnen Kundensegmente. Problemlösungs-Pakete können nicht ohne weiteres in kürzester Frist kopiert werden.

Eine genaue Kenntnis der Kundenprobleme in jeder einzelnen Zielgruppe ist erforderlich. Basierend auf diesen Voraussetzungen ist der Wettbewerbsvorteil in einem zeitlichen Rahmen von sechs Monaten bis zu einem Jahr zu sehen.

Bei den Problemlösungen für Zielgruppen geht es darum, für jede einzelne Zielgruppe konkrete Problemlösungen zu erarbeiten. Überprüfen Sie:

- Welche wesentlichen Zielgruppen haben Sie?
- Welche Anforderungen stellen die Zielgruppen an Problemlösungen heute?
- Welche Anforderungen stellen die Zielgruppen an Problemlösungen morgen?
- Wie können strategische Wettbewerbsvorteile erreicht werden?

1.5.3 Prozess-Optimierung (BRAINWARE)

Während der Schwerpunkt der Produkt-Innovation und Problemlösung häufig im produktionswirtschaftlichen Bereich liegt, ist der Schwerpunkt der Prozess-Innovationen im organisatorischen und logistischen Bereich zu suchen.

In der Zukunft wird es noch mehr darauf ankommen, die Prozesse mit den Geschäftspartnern zu verknüpfen. Im Rahmen des Prozessmanagements gilt es, Innovationen – vor allem vor dem Hintergrund der Optimierung der Prozesse – über Team-, Abteilungs- und sogar Unternehmensgrenzen hinweg zu optimieren. Gerade hier ist ein vernetztes Denken angesagt. Im Mittelpunkt dieser Überlegungen steht insbesondere der Einsatz von Logistik- und Informationssystemen. Je mehr es gelingt, diese Organisationsprozesse zu vereinheitlichen und im Sinne eines Gewinner-Gewinner-Spiels umzusetzen, desto erfolgreicher wird ein Unternehmen sein.

Zur Verbesserung von Prozessen ist das Vorhandensein konkreter „Messlatten" wünschenswert. Diesbezügliche Vorgaben können z.B. für einzelne Betriebe sein:

- Die Durchlaufzeit in der Produktion ist für das Produkt C zwei Tage.
- Die Auftragsabwicklungszeit ist um 30 % zu reduzieren.
- Zugesagte Kundentermine sind zu 100 % einzuhalten.

- Die Reaktion auf Kundenprobleme – Meldung bis Bearbeitungsbeginn – ist um x Stunden zu verkürzen.

1.5.4 Partnerschaften (NETWARE)

Die Zusammenarbeit von Unternehmen dient generell der gemeinsamen Nutzung von Wettbewerbsvorteilen, die in dieser Form alleine oder per Übernahme nicht möglich wären. Partnerschaften können vertikal, horizontal oder diagonal stattfinden (siehe Abbildung „Ausrichtung von Kooperationen"). Letztere Variante nennt man strategische Netzwerke; sie basieren auf einer Kunden-Lieferanten-Verbindung oder dienen einer Diversifikationsstrategie.

Der Größe derartiger Netzwerke kann sehr unterschiedlich sein, was ebenfalls für die räumliche Ausdehnung gilt (regional, national, international).

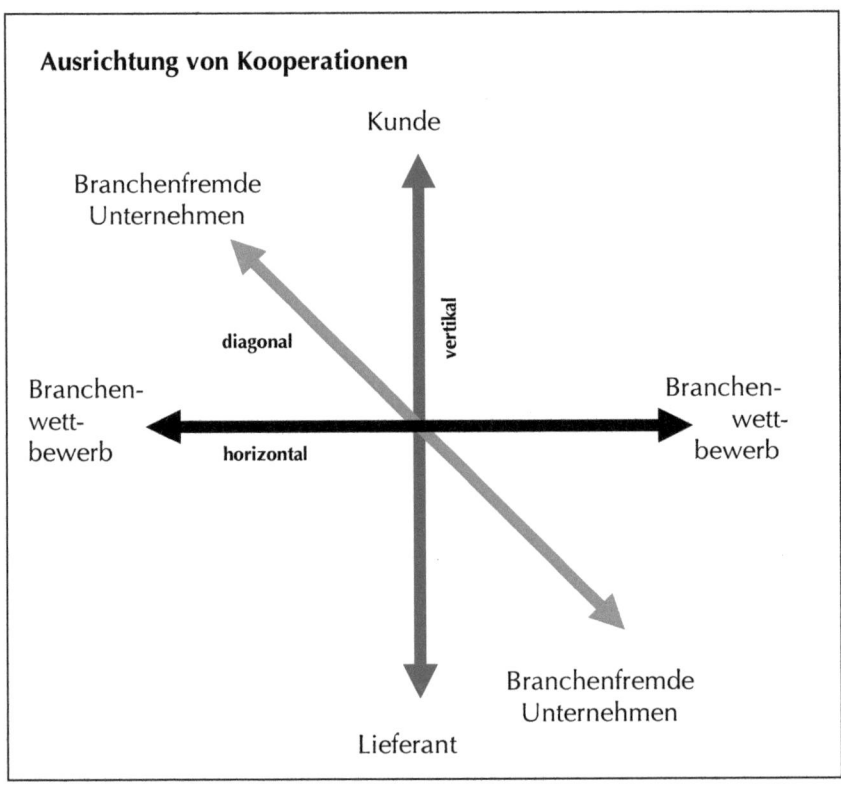

Strategische Allianzen sind Koalitionen von zwei oder mehr selbstständigen Unternehmen, die mit dem Ziel eingegangen werden, die individuellen Stärken in einzelnen Geschäftsfeldern zu vereinen. Dabei

- bleiben die Partner selbstständig,
- geben sie einen Teil der Entscheidungsautonomie ab,
- legen sie die Beziehung auf Zielerreichung und nicht auf Dauer an,
- bringen sie je nach Zielsetzung und Aufgabenabgrenzung oft nur Teile ihrer Organisation zur Umsetzung ein.

Strategische Allianzen können auf nationaler oder internationaler Basis konzipiert werden. Sie können sich dabei auf einen oder mehrere Unternehmensbereiche beschränken, wodurch ebenso Projekt- oder Fertigungsallianzen denkbar sind, wie Volumen-, Markterschließungs- und Kompetenzallianzen. Es ist möglich, dass eine neue Unternehmung oder aber nur eine gemeinsam betriebene Forschungsstätte das Produkt der Allianz ist.

Ist dann das angestrebte Ziel erreicht, löst sich die Verbindung. Marketing-Allianzen dagegen können sich über viele Jahre hinziehen. Häufig steht am Ende die Übernahme des gemeinsamen Betriebes durch einen der Partner, u. U. der Zusammenschluss der Muttergesellschaften.

Fazit

Überprüfen Sie Ihre Ausprägung bei den 4 P's. Nutzen Sie die Chancen und erkennen Sie rechtzeitig die Risiken.

Die folgende Checkliste „Die Standortbestimmung" soll Ihnen dabei behilflich sein. Die Basis-Aussagen machen Ihnen dabei die Zusammenhänge der Strukturierung deutlich, welche den nachfolgenden detaillierteren Analysen zu Grunde liegen.

Die Standortbestimmung

	Ja	Teilw.	Nein
1. Produkte / Dienstleistungen			
1.1 Unsere Produkte/Dienstleistungen schneiden in den Kunden-Beurteilungen überdurchschnittlich gut ab.			
1.2 Unser Angebot ist im Grundsatz der Konkurrenz überlegen.			
1.3 Wir treffen große Vorsorge, dass unsere Produkte/Dienstleistungen auch morgen noch gefragt sind.			
2. Problemlösungen			
2.1 Wir kennen die Probleme jeder Kunden-Zielgruppe.			
2.2 Wir lösen die Probleme der einzelnen Zielgruppen optimal.			
2.3 In unseren Problemlösungen sind wir der Konkurrenz zwei Schritte voraus.			
3. Prozess-Optimierung			
3.1 Wir wissen genau, was in der Phase PRE-SALE (vor dem Verkauf) an Prozess-Aktivitäten zu tun ist.			
3.2 Wir wissen genau, wie die Prozesse in der Verkaufsphase optimal zu gestalten sind.			
3.3 Wir wissen, wie Prozesse im AFTER-SALE abgewickelt werden.			
4. Partnerschaften			
4.1 Mögliche Kooperationen werden systematisch untersucht.			
4.2 Partnerschaften haben für uns einen hohen Stellenwert.			
4.3 Wir gehen in den nächsten drei Jahren Partnerschaften ein.			
5. Produkt-Innovationen			
5.1 Wir haben ein System entwickelt, wie wir von den Besten lernen.			
5.2 Wir verfügen über ein gutes Innovationsklima und setzen Innovationstechniken systematisch ein.			
5.3 Wir bemühen uns, Innovations-Führer bei Produkten/Dienstleistungen zu sein.			

	Ja	Teilw.	Nein
6. Problemlösungs-Innovationen			
6.1 Wir haben ein System entwickelt, wie wir von den Besten lernen.			
6.2 Wir verfügen über ein gutes Innovationsklima und setzen Innovationstechniken systematisch ein.			
6.3 Wir bemühen uns, Innovations-Führer bei Problemlösungen zu sein.			
7. Prozess-Innovationen			
7.1 Wir haben ein System entwickelt, wie wir von den Besten lernen.			
7.2 Wir verfügen über ein gutes Innovationsklima und setzen Innovationstechniken systematisch ein.			
7.3 Wir bemühen uns, Innovations-Führer bei Prozessen zu sein.			
8. Partnerschafts-Innovationen			
8.1 Wir versuchen, von erfolgreichen Partnerschaften zu lernen.			
8.2 Wir verfügen über ein gutes Innovationsklima und setzen Innovationstechniken systematisch ein.			
8.3 Wir bemühen uns, Innovations-Führer bei Partnerschaften zu sein.			

2. Innovations-Management

2.1 Die Problemstellung

Externer Druck nimmt zu

Die Umwelt der Unternehmen hat sich in den vergangenen Jahren rasant verändert. Der externe Druck auf Unternehmen steigt immer weiter an. Jedes Unternehmen muss auf Basis seiner Fähigkeiten und Innovationen einen wirksamen Gegendruck aufbauen und ausbauen, um auch bei veränderten Rahmenbedingungen nachhaltig erfolgreich sein zu können (siehe Abbildung „Druck und Gegendruck").

Umwelt
▪ Weltweite Informationstechnologien beschleunigen die Vergleichbarkeit
▪ Austauschbare Produkte werden über den Preis verkauft
▪ Die Prozess-Optimierung zwischen Partnern wird immer wichtiger
▪ Problemlösungen für Zielgruppen gewinnen an Bedeutung

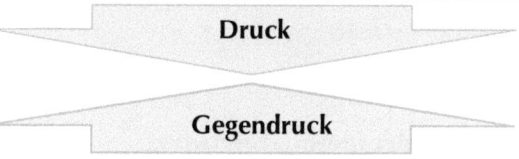

Ihr Unternehmen
▪ Vorhandene Innovationsfähigkeit und bestehendes Innovationspotential
▪ Ideen und Erfahrungen Ihrer Mitarbeiter und Führungskräfte
▪ Chancen aus Ihren bestehenden Kundenbeziehungen und Partnerschaften
▪ Ihr Know-how in der Produktion oder in anderen technischen Prozessen

Hinterfragen Sie in diesem Zusammenhang für Ihr Haus die folgende These:

„Wenn die Veränderungen im Umfeld schneller sind als die eigene Lerngeschwindigkeit und das Generieren von Innovationen, dann geht ein Unternehmen zugrunde."

Was sind Innovationen?

Innovationen (lat. innovare = erneuern) sind neue Ideen, die in neuen oder angepassten Produkten, Dienstleistungen oder Prozessen umgesetzt werden. Der Innovationsprozess besteht somit im Wesentlichen aus zwei Phasen: Der Ideenfindung und Bewertung sowie der Umsetzung.

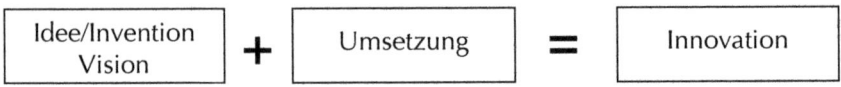

Elemente des Innovationserfolgs für Unternehmen

Berücksichtigen Sie für Ihr Unternehmen die sieben Säulen des Innovations-Erfolgs, um Ideen zu generieren und umzusetzen.

- Positive Innovations-Philosophie
- Gelebte Grundsätze
- Praktiziertes Unternehmertum
- Positives Innovationsklima
- Nutzung des Kreativitätspotentials
- Gezielter Methodeneinsatz
- Einbindung aller Betroffenen

Wege des Lernens und der Ideen-Generierung

Es gibt zahlreiche Möglichkeiten für den ersten Schritt im Innovationsprozess: Die Ideengenerierung. Grundsätzlich können vier Wege unterschieden werden (siehe Abbildung „Wege des Lernens und der Ideen-Generierung"):

- Lernen von Anderen:
  Benchmarking innerhalb und außerhalb der Branche.
- Lernen aus Erfahrung:
  Lernkurve, Einsatz des Know-hows für neue Entwicklungen und veränderte Rahmenbedingungen.
- Lernen durch Methoden:
  Mit gezieltem Methodeneinsatz neue Ideen generieren, siehe Kapitel 6.

- „Geniale Erfindung":
  Durch eine „Inspiration" einen unbekannten Markt mit einer möglicherweise neuen Technologie erobern.

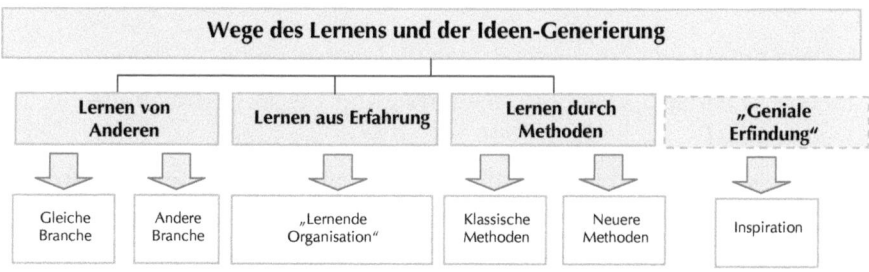

2.2 Die Innovations-Bilanz: Ziele und Methodik

Die Innovations-Bilanz ist ein Instrument, das die Innovationsfähigkeit und das Innovationspotential eines Unternehmens misst. Mit der Innovations-Bilanz ist eine Einschätzung der Fitness eines Unternehmens ebenso möglich wie die Bewertung der Auswirkungen der Innovationen auf die zukünftige Bilanz- und Ertragslage.

Die Innovations-Bilanz bietet daher beispielsweise in Beteiligungs- oder Bankgesprächen eine für alle Akteure verständliche Grundlage, um künftige Entwicklungen plausibel darzustellen. Somit verschiebt sich der Fokus der Beurteilung von vergangenheitsbasierten Bewertungen hin zu künftigen Chancen.

Die Bewertung Ihres Innovationsmanagements können Sie anhand eines leicht verständlichen Fragebogens durchführen. Der Fragebogen beinhaltet insgesamt 48 Fragen.

Nach der Beantwortung der Fragen erhalten Sie eine Anleitung, wie Sie Ihre Selbsteinschätzung schnell und strukturiert auswerten können. Schließlich erstellen Sie auf dieser Basis das Kurzgutachten Ihrer Innovations-Bilanz und erhalten somit eine übersichtlich aufbereitete Bewertung Ihres Innovationsmanagements.

2.3 Analyse

Die in Kapitel 1 bereits einführend beschriebenen drei Bausteine der Analyse Ihrer Innovationsfähigkeit sind

1. Wie gut sind die Voraussetzungen für Innovationen?
2. Wie ist der Status bei der Generierung von Wettbewerbsvorteilen in den 4 P's?
3. Wie ist die individuelle Einschätzung des potentiellen Einflusses auf den Umsatz und den Rohertrag?

2.3.1 Baustein 1: Voraussetzungen für Innovationen

Im ersten Bereich der Innovations-Bilanz wird untersucht, inwiefern in Ihrem Unternehmen die Voraussetzungen für Innovationen erfüllt und welche künftigen Entwicklungen geplant sind. Durch dieses Phasenmodell mit dem Vergleich der Voraussetzungen heute (H) und dem Zielwert „morgen" (M), d. h. in zwei Jahren, kann ermittelt werden, welche Zielvorstellungen es im Unternehmen gibt und wie lang der Weg zu diesem Ziel noch ist.

Zu den vier Teilbereichen Strategie, Organisation, Führung/Mitarbeiter und Kundenorientierung werden Ihnen jeweils fünf Fragen gestellt.

Beantworten Sie bitte jede Frage hinsichtlich der aktuellen Ausprägung („heute") und hinsichtlich der geplanten bzw. gewünschten Ausprägung in zwei Jahren („morgen").

Die fünf vorgegebenen Antwortmöglichkeiten erleichtern Ihre Selbsteinschätzung. Die Bewertungsskala ist ansteigend von 1 bis 5 und unterscheidet zwischen fünf Phasen.

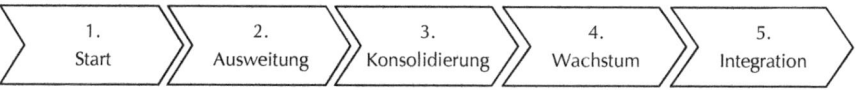

Zögern Sie nicht, wenn Sie zwischen zwei Antworten schwanken. Aufgrund der Vielzahl an Fragen ist eine hundertprozentig richtige und belegbare Antwort auf jede Frage nicht notwendig. Ihre grobe Einschätzung der Unternehmenslage bietet bereits eine ausreichende Ausgangsbasis für eine detaillierte Analyse.

Bitte nutzen Sie die grau hinterlegten Felder für Ihre Antworten (siehe nachfolgendes Beispiel).

Beispiel

	Frage	Bewertungsskala					Wert	
		1	2	3	4	5	H	M
1.	Welche Strategie verfolgt Ihr Unternehmen?	Keine Strategie – wir schwimmen mit	Kurzfristige Ausrichtung mit Anpassung an den Markt	Mittelfristige Strategie-Ansätze mit kreativen Beiträgen	Systematisches Nutzen der Chancen und Ideen	Wir bestimmen den Markt durch Innovationen	2	3

1. Innovationen durch die Strategie

	Frage	Bewertungsskala					Wert	
		1	2	3	4	5	H	M
1.	Welche Strategie verfolgt Ihr Unternehmen?	Keine Strategie – wir schwimmen mit	Kurzfristige Ausrichtung mit Anpassung an den Markt	Mittelfristige Strategie-Ansätze mit kreativen Beiträgen	Systematisches Nutzen der Chancen und Ideen	Wir bestimmen den Markt durch Innovationen		
2.	Werden in Ihrem Unternehmen Kunden-Analysen durchgeführt?	Nein – wir glauben alles zu wissen	Die Zielgruppen sind bekannt	Controlling der wirtschaftlichen Daten mit Folgerungen	Wir wissen, was die einzelnen Kundengruppen konkret wünschen	Wir wachsen systematisch mit den richtigen Kunden und nutzen Kunden-Ideen		
3.	Werden in Ihrem Unternehmen Wettbewerbs-Analysen durchgeführt?	Nein	Nur Produkt-Vergleiche	Produkt-Vergleiche und Zielgruppen-Analysen	Produkt-Vergleiche, Kunden-Analysen und Wettbewerbs-Vergleiche	Ganzheitliche Wettbewerbsanalysen		
4.	Auf welchen Innovationsfeldern ist Ihr Unternehmen tätig?	Produkt-Innovationen	Problemlösungs-Innovationen	Prozess-Innovationen	Partnerschafts-Innovationen	Philosophie-Innovationen		
5.	Inwieweit wird die Unternehmensstrategie in Ihrem Unternehmen gelebt?	Chef/Führungskreis meint, es richtig zu machen	Fixierung erster strategischer Aussagen im Führungskreis	Bemühung um formale Umsetzung mit den Mitarbeitern	Permanenter Transfer in die Praxis – alle sind eingebunden	Strategie wird voll gelebt und Innovationen werden gefördert		

2. Innovationen durch die Organisation

	Frage	Bewertungsskala					Wert	
		1	2	3	4	5	H	M
1.	Wodurch zeichnet sich die Strukturierung Ihres Unternehmens aus (Aufbau-organisation)?	Schwerfällig	Kästchendenken	Zweckmäßiger funktionsorientierter Aufbau	Zuname der Prozess-Organisation	Bestmögliche Anpassung mit Vorteilen nach innen und außen		
2.	Wodurch zeichnen sich die Arbeitsprozesse in Ihrem Unternehmen aus (Ablauforganisation)?	Zahlreiche Schwachstellen	Erkennen und Beseitigen der Schwachstellen	Ständiger Verbesserungsprozess mit vielen Beteiligten	Orientierung an Benchmarks – Mitarbeiter verbessern ständig	Optimierung der internen und externen Prozesse		
3.	Inwiefern werden Betroffene einbezogen?	Sehr begrenzt	Unterrichtung der Betroffenen	Stärkere Mitwirkung	Betroffene übernehmen Verantwortung	Betroffenen sind Innovatoren und streben Wettbewerbsvorteile an		
4.	Wie hoch ist der Einsatz von Technologien in Ihrem Unternehmen (insbesondere IT)?	Sehr geringer Einsatz	Geringer Einsatz	Starker Einsatz	Technologien sind eng miteinander vernetzt und ergänzen sich	Starke Wettbewerbsvorteile durch Technologien		
5.	Wie werden in Ihrem Unternehmen Innovationen gewonnen?	Ohne Systematik	Bemühen um ein gutes Innovationsklima	Mitarbeiter erhalten Kreativitätsschulungen	Kreativitätsziele sind für alle vorhanden	Aktives Leben der Kreativität Mitarbeiter sind weit über die Ziele hinaus kreativ		

3. Innovationen durch die Führung/Mitarbeiter

Frage	Bewertungsskala					Wert	
	1	2	3	4	5	H	M
1. Welche Rolle spielen Führungskräfte in Ihrem Unternehmen?	Fachliche Orientierung	Einbringen sozialer Kompetenz	Ausgeprägte methodische Kompetenz	Gelebtes Unternehmertum	Starkes innovatives Denken und Handeln		
2. Welche Rolle spielen Mitarbeiter in Ihrem Unternehmen?	Alle Mitarbeiter sind Mitläufer	Viele Mitarbeiter sind motiviert	Die Mehrheit der Mitarbeiter ist motiviert	Alle Mitarbeiter sind hoch motiviert	Alle Mitarbeiter sind Mitunternehmer		
3. Welcher Führungsstil herrscht in Ihrem Unternehmen?	Autoritäres patriarchalisches Führen	Geringe Einbindung der Mitarbeiter	Starke Einbindung der Mitarbeiter	Führen durch Verbindlichkeit	Freiräume werden genutzt		
4. Wie ist das Innovationsklima Ihres Unternehmens?	Sehr schwach ausgeprägt	Vorgesetzten-Mitarbeiter-Verhältnis bestimmt das Betriebsklima	Systematisches Entwickeln eines positiven Innovationsklimas	Alle leben die Rolle von Innovatoren	Das Klima generiert entscheidende Innovationsvorteile		
5. Identifizieren sich die Mitarbeiter und Führungskräfte mit dem Unternehmen?	Kaum	Identifikation der Top-Mitarbeiter gegeben	Identifikation bei vielen Mitarbeitern gegeben	Hohe Identifikation der meisten Beteiligten	Vorbildliche Identifikation aller		

Innovations-Management

4. Innovationen durch die Kundenorientierung

Frage	Bewertungsskala					Wert	
	1	2	3	4	5	H	M
1. Wie werden in Ihrem Unternehmen Kundenwünsche bearbeitet?	Es werden wenige Standard-Produkte angeboten	Es gibt spezifische Problemlösungen für die einzelnen Zielgruppen	Der Prozess des Kunden wird untersucht, um seinen Nutzen zu maximieren	Es werden Partnerschaften zu beiderseitigem Nutzen eingegangen	Übereinstimmende Philosophien der beiden Partner bilden die Grundlage		
2. Inwiefern wird der Kunde durch Ihr Unternehmen beraten?	Standardisierte Beratung	Individuelle Ausrichtung	Realisieren einer spezifischen Beratungsstrategie	Verdeutlichung des Mehrwerts/ Nutzens	Gewinner-Gewinner-Situationen schaffen		
3. Wie ausgeprägt ist die Kundenbetreuung in Ihrem Unternehmen?	Kunde = Geschäftsvorfall	Gute Kundenbetreuung	Vorausdenken für die Kunden	Ganzheitliche Betreuung der Kunden	Optimales Miteinander und Partnerschaft		
4. Welche Beziehung herrscht zwischen Ihren Kunden und Ihrem Unternehmen?	Standardisierte Abwicklung	Abwicklung nach A-, B- und C- Regeln	Aufbau eines individualisierten Informationssystems	Pflege persönlicher Beziehungen	Sehr gutes Miteinander		
5. Welche Art von Bindung der Kunden besteht zu Ihrem Unternehmen?	Keine Bindung	Niedrige Austrittsbarrieren, Kunde kann Sie sehr leicht ersetzen	Mittlere Austrittsbarrieren, Kunde kann Sie durchaus ersetzen	Hohe Austrittsbarrieren, Kunde kann Sie nur schwer ersetzen	Bestmögliche langfristige Bindung		

2.3.2 Baustein 2: Stärke der Innovationskraft

Im ersten Baustein haben Sie die Voraussetzungen Ihres Unternehmens in den Bereichen Strategie, Organisation, Führung/Mitarbeiter und Kundenorientierung bewertet.

Darauf aufbauend wird im zweiten Baustein der Innovations-Bilanz die Frage beantwortet, wie der Status bei der Generierung von Wettbewerbsvorteilen in den 4 P's heute ist, das heißt, wie gut Sie heute im Bereich Innovationen aufgestellt sind.

Zu den vier definierten Innovationsarten Produkt-/Dienstleistungs-, Problemlösungs-, Prozess- und Partnerschafts-Innovationen werden Ihnen jeweils fünf Fragen gestellt. Beantworten Sie bitte jede Frage hinsichtlich der aktuellen Ausprägung (heute). Die fünf vorgegebenen Antwortmöglichkeiten erleichtern hierbei Ihre Selbsteinschätzung. Die Bewertungsskala ist wie bei Baustein 1 ansteigend von 1 bis 5.

Bitte nutzen Sie die grau hinterlegten Felder für Ihre Antworten (siehe nachfolgendes Beispiel).

Beispiel

	Frage	Bewertungsskala					Wert
		1	2	3	4	5	H
1.	Sind Sie in Produkt-/Dienstleistungsinnovationen führend?	Nein	Sehr begrenzt	Teilweise	Überwiegend	Ja	3

1. Produkt-/Dienstleistungs-Innovationen

	Frage	Bewertungsskala					Wert
		1	2	3	4	5	heute
1.	Sind Sie in Produkt-/Dienstleistungs-Innovationen führend?	Nein	Sehr begrenzt	Teilweise	Überwiegend	Ja	
2.	Analysieren Sie die Branchenentwicklung regelmäßig auf Innovationen?	Nein	Sehr begrenzt	Teilweise	Überwiegend	Ja	
3.	Bemühen Sie sich, neueste Ideen im Markt anzuwenden?	Nein	Sehr begrenzt	Teilweise	Überwiegend	Ja	
4.	Finden Produkt-/DL-Entwicklungen bei Ihnen verstärkt unter Einbeziehung der Kunden statt (z. B. Kunden-Beirat)?	Nein	Sehr begrenzt	Teilweise	Überwiegend	Ja	
5.	Ist der Anteil von neuen Produkt-/Dienstleistungs-Innovationen am Gesamtumsatz hoch genug?	Nein	Sehr begrenzt	Teilweise	Überwiegend	Ja	

2. Problemlösungs-Innovationen für Zielgruppen

Frage	Bewertungsskala					Wert
	1	2	3	4	5	heute
1. Bemühen Sie sich, für einzelne Zielgruppen Ihrer Kunden innovative Lösungen zu finden?	Nein	Sehr begrenzt	Teilweise	Überwiegend	Ja	
2. Erarbeiten Sie mit einzelnen Zielgruppen systematisch Innovationen?	Nein	Sehr begrenzt	Teilweise	Überwiegend	Ja	
3. Spüren Ihre Zielgruppen, dass Sie verglichen mit den Wettbewerbern innovativer sind?	Nein	Sehr begrenzt	Teilweise	Überwiegend	Ja	
4. Wachsen Sie mit den richtigen Zielgruppen und binden Sie diese durch Innovationen an Ihr Unternehmen?	Nein	Sehr begrenzt	Teilweise	Überwiegend	Ja	
5. Ist der Anteil von Problemlösungen für Zielgruppen am Gesamtumsatz zufriedenstellend?	Nein	Sehr begrenzt	Teilweise	Überwiegend	Ja	

3. Prozess-Innovationen

	Frage	Bewertungsskala					Wert
		1	2	3	4	5	heute
1.	Bemühen Sie sich, die besten Informationen über Ihre Kunden und deren Produktnutzung zu erfassen und für Ihr Unternehmen zu nutzen?	Nein	Sehr begrenzt	Teilweise	Überwiegend	Ja	
2.	Optimieren Sie die Prozesse mit Ihren Kunden und sind Sie die aktiven Gestalter (z. B. bei Bestell- und Ausführungs-Vorgängen)?	Nein	Sehr begrenzt	Teilweise	Überwiegend	Ja	
3.	Findet die Optimierung der Prozesse immer im Sinne eines Gewinner-Gewinner-Ansatzes statt?	Nein	Sehr begrenzt	Teilweise	Überwiegend	Ja	
4.	Bemühen Sie sich permanent um neue Prozess-Innovationen (z. B. Vorausdenken für den Kunden)?	Nein	Sehr begrenzt	Teilweise	Überwiegend	Ja	
5.	Ist der Anteil von Prozess-Optimierungen am Gesamtumsatz relativ hoch und ständig wachsend?	Nein	Sehr begrenzt	Teilweise	Überwiegend	Ja	

4. Partnerschafts-Innovationen

	Frage	Bewertungsskala					Wert
		1	2	3	4	5	heute
1.	Treffen Sie sich regelmäßig mit Partnern (z. B. Kunden, Lieferanten, Wettbewerbern), bemühen sich um neue Innovationen?	Nein	Sehr begrenzt	Teilweise	Überwiegend	Ja	
2.	Spüren alle Partner, dass Sie aktive Innovationsgestalter sind?	Nein	Sehr begrenzt	Teilweise	Überwiegend	Ja	
3.	Optimieren Sie die Zusammenarbeit mit Ihren Partnern, insbesondere auf dem Gebiet der Innovationen?	Nein	Sehr begrenzt	Teilweise	Überwiegend	Ja	
4.	Sind Sie mit dem Anteil an Partnerschafts-Innovationen überdurchschnittlich in der Branche?	Nein	Sehr begrenzt	Teilweise	Überwiegend	Ja	
5.	Ist der Anteil von Partnerschafts-Innovationen am Gesamtumsatz zufriedenstellend?	Nein	Sehr begrenzt	Teilweise	Überwiegend	Ja	

2.3.3 Baustein 3: Potentiale der Innovationen

In den ersten beiden Bausteinen der Innovations-Bilanz haben Sie die Voraussetzungen für Innovationen sowie den Status bei der Generierung von Wettbewerbsvorteilen in den 4 P's bewertet.

Im dritten Baustein wird nun das Potential der Innovationen untersucht, um eine Bewertung des Einflusses der Innovationen auf Ihren zukünftigen Umsatz und den Rohertrag zu ermöglichen.

Auch wenn die quantitative Einschätzung der Auswirkungen von Innovationen eine Herausforderung sein kann, bietet sie einen enormen Mehrwert für das Unternehmen und andere Beteiligte. Mit den angegebenen Werten kann der potentielle Umsatz und Rohertrag der kommenden Jahre errechnet werden. Das Ziel der Einschätzungen ist nicht eine vollständige

Korrektheit der Angaben, sondern eine grobe Erstbewertung, über die diskutiert werden kann.

Zu den vier definierten Innovationsarten Produkt-/Dienstleistungs-, Problemlösungs-, Prozess- und Partnerschafts-Innovationen werden Ihnen je zwei Fragen gestellt. Beantworten Sie bitte jede Frage hinsichtlich der geplanten Ausprägung im aktuellen Jahr, im nächsten Jahr und im übernächsten Jahr.

Geben Sie bei jeder Frage an, wie hoch Ihrer Meinung nach die prozentuale Erhöhung im jeweiligen Bereich in den einzelnen Jahren sein wird. Außerdem bitten wir Sie, anzugeben, wie wahrscheinlich diese Erhöhung ist. Wählen Sie hierzu bitte eine der folgenden Wahrscheinlichkeiten:

- sehr hoch
- hoch
- mittel
- gering
- sehr gering

Bitte nutzen Sie die grau hinterlegten Felder für Ihre Antworten (siehe nachfolgendes Beispiel).

Beispiel

	Frage	**Jahr: t**		**Jahr: t+1**		**Jahr: t+2**	
		Erhöhung (%)	Wahrscheinlichkeit	Erhöhung (%)	Wahrscheinlichkeit	Erhöhung (%)	Wahrscheinlichkeit
1.	Welche zusätzliche Erhöhung des **Umsatzes** ermöglichen Produkt-/Dienstleistungs-Innovationen und wie wahrscheinlich ist diese Erhöhung?	5	sehr hoch	6	hoch	8	hoch

1. Potential der Produkt-/Dienstleistungs-Innovationen

Frage	Jahr: t		Jahr: t+1		Jahr: t+2	
	Erhöhung (%)	Wahrscheinlichkeit	Erhöhung (%)	Wahrscheinlichkeit	Erhöhung (%)	Wahrscheinlichkeit
1. Welche zusätzliche Erhöhung des **Umsatzes** in % ermöglichen Produkt-/Dienstleistungs-Innovationen und wie wahrscheinlich ist diese Erhöhung?						
2. Welche zusätzliche Erhöhung des **Rohertrags** in % ist durch Produkt-/Dienstleistungs-Innovationen möglich?						

2. Potential der Problemlösungs-Innovationen

Frage	Jahr: t		Jahr: t+1		Jahr: t+2	
	Erhöhung (%)	Wahrscheinlichkeit	Erhöhung (%)	Wahrscheinlichkeit	Erhöhung (%)	Wahrscheinlichkeit
1. Welche zusätzliche Erhöhung des **Umsatzes** in % ist durch Problemlösungs-Innovationen möglich und wie wahrscheinlich ist diese Erhöhung?						
2. Welche zusätzliche Erhöhung des **Rohertrags** in % ist durch Problemlösungs-Innovationen möglich?						

3. Potential der Prozess-Innovationen

Frage	Jahr: t		Jahr: t+1		Jahr: t+2	
	Erhöhung (%)	Wahrscheinlichkeit	Erhöhung (%)	Wahrscheinlichkeit	Erhöhung (%)	Wahrscheinlichkeit
1. Welche zusätzliche Erhöhung des **Umsatzes** in % ist durch Prozess-Innovationen möglich und wie wahrscheinlich ist diese Erhöhung?						
2. Welche zusätzliche Erhöhung des **Rohertrags** in % ist durch Prozess-Innovationen möglich?						

4. Potential der Partnerschafts-Innovationen

Frage	Jahr: t		Jahr: t+1		Jahr: t+2	
	Erhöhung (%)	Wahrscheinlichkeit	Erhöhung (%)	Wahrscheinlichkeit	Erhöhung (%)	Wahrscheinlichkeit
1. Welche zusätzliche Erhöhung des **Umsatzes** in % ist durch Partnerschafts-Innovationen möglich und wie wahrscheinlich ist diese?						
2. Welche zusätzliche Erhöhung des **Rohertrags** in % ist durch Partnerschafts-Innovationen möglich?						

Geben Sie nun bitte noch den Umsatz und den Rohertrag (Umsatz minus Waren-/Materialeinsatz) Ihres Unternehmens im vergangenen Jahr in Euro an.

Umsatz Vorjahr in €	
Rohertrag Vorjahr in €	

2.4 Auswertungen

Nachdem Sie den Fragebogen zur Innovations-Bilanz ausgefüllt haben, können Sie Ihre Antworten nun mit Hilfe der folgenden Methoden auswerten. Zunächst erstellen Sie Ihre Innovations-Bilanz, eine Übersicht über die ersten beiden Bausteine der Analyse. Anschließend werten Sie die drei Bausteine der Innovations-Bilanz im Einzelnen aus, ehe Sie schließlich Ihr Frühwarnsystem aufstellen können.

2.4.1 Die Innovations-Bilanz

Die Innovations-Bilanz bietet Ihnen einen ersten Überblick über die beiden Bausteine „Voraussetzungen für Innovationen" und „Stärke der Innovationskraft". Um die Innovations-Bilanz aufzustellen, addieren Sie bitte zum einen Ihre Antworten auf die 20 Fragen von Baustein 1 (Voraussetzungen für Innovationen, Stand heute), zum anderen Ihre Antworten auf die 20 Fragen von Baustein 2 (Stärke der Innovationskraft).

Das maximal erreichbare Ergebnis ist 100, minimal sind 20 Punkte erreichbar. Tragen Sie Ihr Ergebnis bitte in die vorgesehenen Felder ein:

Summe Punktzahl Baustein 1 (X-Achse)	
Voraussetzungen für Innovationen, Stand heute	

Summe Punktzahl Baustein 2 (Y-Achse)	
Stärke der Innovationskraft	

Übertragen Sie den Punktwert nun bitte in die folgende Grafik, um Ihre Innovations-Bilanz zu erhalten.

Graphische Darstellung der Innovations-Bilanz

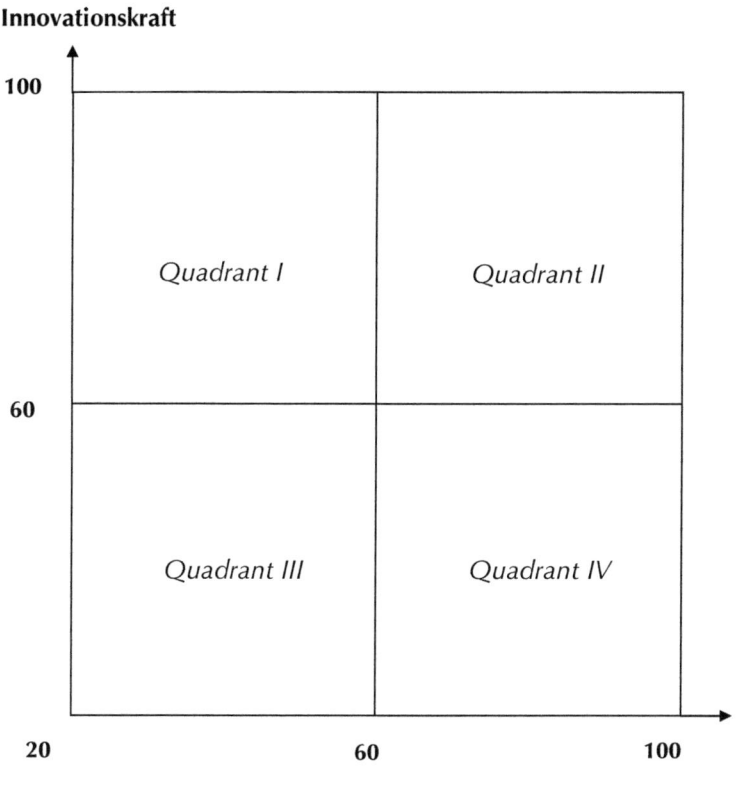

Analyse Ihres Ergebnisses

Quadrant I:

Voraussetzungen für Innovationen sind zu verbessern, Innovationskraft ist hoch (Punktzahl Voraussetzungen für Innovationen < 60, Innovationskraft > 60).

Die Voraussetzungen für Innovationen in Ihrem Unternehmen sind nicht zufriedenstellend erfüllt. Die Bereiche Strategie, Organisation, Führung/

Mitarbeiter und Kundenorientierung bieten insgesamt keine innovationsfördernde Basis. Trotz dieser Ausgangslage ist die Innovationskraft Ihres Unternehmens aktuell hoch. Von den vier Innovationsarten Produkt-/ Dienstleistungs-, Problemlösungs-, Prozess- und Partnerschafts-Innovationen ist ein überwiegender Teil vorhanden. Durch eine Erfüllung der Voraussetzungen für Innovationen können Sie in Zukunft ein innovationsfreundlicheres Klima schaffen und dadurch Ihre Innovationskraft möglicherweise noch weiter steigern.

Quadrant II:

Voraussetzungen für Innovationen sind erfüllt, Innovationskraft ist hoch (Punktzahl Voraussetzungen für Innovationen > 60, Innovationskraft > 60).

Die Voraussetzungen für Innovationen in Ihrem Unternehmen sind zufriedenstellend erfüllt. Die Bereiche Strategie, Organisation, Führung/Mitarbeiter und Kundenorientierung bieten insgesamt eine innovationsfördernde Basis. Auch aufgrund dieser positiven Ausgangslage ist die Innovationskraft des Unternehmens aktuell hoch. Von den vier Innovationsarten Produkt-/ Dienstleistungs-, Problemlösungs-, Prozess- und Partnerschafts-Innovationen ist der überwiegende Teil vorhanden. Ihr Unternehmen hat es geschafft, durch ein innovationsfreundliches Klima eine hohe Innovationskraft zu erreichen. Lassen Sie nicht nach, sondern nutzen Sie weiterhin konsequent Ihre innovationsfördernde Basis, um in allen 4 P's erfolgreich zu sein.

Quadrant III:

Voraussetzungen für Innovationen sind zu verbessern, Innovationskraft ist zu erhöhen (Punktzahl Voraussetzungen für Innovationen < 60, Innovationskraft < 60).

Die Voraussetzungen für Innovationen in Ihrem Unternehmen sind nicht zufriedenstellend erfüllt. Die Bereiche Strategie, Organisation, Führung/ Mitarbeiter und Kundenorientierung bieten insgesamt keine innovationsfördernde Basis. Auch aufgrund dieser unvorteilhaften Ausgangslage ist die Innovationskraft des Unternehmens aktuell gering. Von den vier existierenden Innovationsarten Produkt-/Dienstleistungs-, Problemlösungs-, Prozess- und Partnerschafts-Innovationen ist der überwiegende Teil nicht oder nur in Ansätzen vorhanden. Durch eine Erfüllung der Voraussetzungen für Innovationen können Sie in Zukunft jedoch ein innovationsfreundlicheres

Klima schaffen. Wenn Sie anschließend auf dieser Basis die 4 P's berücksichtigen, ist auch eine Steigerung Ihrer Innovationskraft möglich.

Quadrant IV:

Voraussetzungen für Innovationen sind erfüllt, Innovationskraft ist zu erhöhen (Punktzahl Voraussetzungen für Innovationen > 60, Innovationskraft < 60).

Die Voraussetzungen für Innovationen in Ihrem Unternehmen sind zufriedenstellend erfüllt. Die Bereiche Strategie, Organisation, Führung/Mitarbeiter und Kundenorientierung bieten insgesamt eine innovationsfördernde Basis. Trotz dieser positiven Ausgangslage haben Sie es bisher nicht geschafft, eine hohe Innovationskraft zu erreichen. Von den vier Innovationsarten Produkt-/Dienstleistungs-, Problemlösungs-, Prozess- und Partnerschafts-Innovationen ist der überwiegende Teil nicht oder nur in Ansätzen vorhanden. Da Sie bereits ein innovationsfreundliches Klima geschaffen haben, gilt es nun, die verschiedenen Innovationsarten einzusetzen und aktiv zu nutzen, um Ihre Innovationskraft zu erhöhen.

2.4.2 Voraussetzungen für Innovationen

Summieren Sie Ihre Antworten für jeden der vier Bereiche von Baustein 1 und tragen Sie das Ergebnis bitte in untenstehende Tabelle ein. Das maximal erreichbare Ergebnis je Bereich und Zeitpunkt ist jeweils 25, minimal sind jeweils 5 Punkte erreichbar. Als Gesamtsumme können Sie zwischen 20 und 100 Punkte erreichen.

Berechnen Sie außerdem das sich ergebende Delta zwischen dem angestrebten Wert morgen und dem Wert heute.

Bereich	Heute (H)	Morgen (M)	Delta (M-H)
Strategie			
Organisation			
Führung/Mitarbeiter			
Kundenorientierung			
Gesamtsumme			

Sie erkennen im Phasenmodell auf einen Blick, ob die Voraussetzungen für Innovationen in Ihrem Unternehmen heute erfüllt sind und welche Entwicklung Sie für die Zukunft anstreben.

Übertragen Sie nun die oben berechneten Deltas in untenstehende Tabelle und priorisieren Sie die vier Felder mit Hilfe Ihres Wissens über die durch Ihr Unternehmen und die Mitwelt bestehende Handlungsdringlichkeit (A, B oder C).

Im Anschluss daran bitten wir Sie – auch mit Hilfe der weitergehenden Analysen aus Kapitel 6 – Maßnahmen definieren, um in den einzelnen Bereichen Ihres Unternehmens Verbesserungen zu erzielen.

Bereich	Delta (M-H)	Priorität (A/B/C)	Handlungs- maßnahmen
Strategie			
Organisation			
Führung/Mitarbeiter			
Kundenorientierung			

2.4.3 Stärke der Innovationskraft

Summieren Sie Ihre Antworten für jeden der vier Bereiche von Baustein 2 und tragen Sie das Ergebnis bitte in untenstehende Tabelle ein. Das maximal erreichbare Ergebnis je Bereich ist jeweils 25, minimal sind jeweils 5 Punkte erreichbar. Als Gesamtsumme können Sie zwischen 20 und 100 Punkte erreichen. Sie haben ein angemessenes Niveau erreicht, wenn Ihre Punktzahl in den 4 P's jeweils 15 Punkte übersteigt.

Bereich	Heute (H)
Produkt-/Dienstleistungs-Innovationen	
Problemlösungs-Innovationen	
Prozess-Innovationen	
Partnerschafts-Innovationen	
Gesamtsumme	

Priorisieren Sie nun die vier P's auf dieser Basis. Außerdem können Sie erneut Handlungsmaßnahmen definieren, um sich in den einzelnen Bereichen zu verbessern.

Bereich	Priorität (A/B/C)	Handlungsmaßnahmen
Produkt-/Dienstleistungs-Innovationen		
Problemlösungs-Innovationen		
Prozess-Innovationen		
Partnerschafts-Innovationen		

2.4.4 Potentiale der Innovationen

Übertragen Sie Ihre Antworten für jeden der vier Bereiche von Baustein 3 bitte in untenstehende Tabellen. Beachten Sie hierzu zunächst das nachfolgende Beispiel. Für die Wahrscheinlichkeiten setzen Sie bitte folgende Werte ein:

sehr gering	10%
gering	30%
mittel	50%
hoch	70%
sehr hoch	90%

Multiplizieren Sie bitte für jedes Jahr die prozentuale Erhöhung E mit der dazugehörigen Wahrscheinlichkeit W, um die tatsächlich erwartete Steigerung (E*W) zu erhalten.

Beispiel

Produkt-/ Dienstleistungs-Innovationen	Jahr t			Jahr t+1			Jahr t+2		
	Erhöhung E	Wahrscheinlichkeit W	Produkt E*W	Erhöhung E	Wahrscheinlichkeit W	Produkt E*W	Erhöhung E	Wahrscheinlichkeit W	Produkt E*W
1. Umsatz-Steigerung	15%	90%	0,135	12%	90%	0,108	12%	70%	0,084
2. Rohertrags-Steigerung	5%	70%	0,035	5%	70%	0,035	5%	70%	0,035

Problemlösungs-Innovationen für Zielgruppen	Jahr t			Jahr t+1			Jahr t+2		
	Erhöhung E	Wahrscheinlichkeit W	Produkt E*W	Erhöhung E	Wahrscheinlichkeit W	Produkt E*W	Erhöhung E	Wahrscheinlichkeit W	Produkt E*W
1. Umsatz-Steigerung	10%	50%	0,05	10%	50%	0,05	10%	50%	0,05
2. Rohertrags-Steigerung	20%	70%	0,14	20%	70%	0,14	20%	70%	0,14

Prozess-Innovationen	Jahr t			Jahr t+1			Jahr t+2		
	Erhöhung E	Wahrscheinlichkeit W	Produkt E*W	Erhöhung E	Wahrscheinlichkeit W	Produkt E*W	Erhöhung E	Wahrscheinlichkeit W	Produkt E*W
1. Umsatz-Steigerung	0%	50%	0,0	10%	50%	0,05	15%	50%	0,075
2. Rohertrags-Steigerung	0%	50%	0,0	10%	50%	0,05	15%	50%	0,075

Partnerschafts-Innovationen	Jahr t			Jahr t+1			Jahr t+2		
	Erhöhung E	Wahrscheinlichkeit W	Produkt E*W	Erhöhung E	Wahrscheinlichkeit W	Produkt E*W	Erhöhung E	Wahrscheinlichkeit W	Produkt E*W
1. Umsatz-Steigerung	20%	30%	0,06	25%	30%	0,075	30%	30%	0,09
2. Rohertrags-Steigerung	10%	30%	0,03	10%	30%	0,03	10%	30%	0,03

Zur Berechnung der Gesamtsteigerung von Umsatz und Rohertrag in den nächsten Jahren werden die Werte der vier Bereiche addiert. Mit Hilfe des gegebenen Umsatzes (5 Mio. €) und Rohertrags (1 Mio. €) können dann die geschätzten Werte der nächsten Jahre berechnet werden.

Beispiel:

Umsatzsteigerung im Jahr t:

- aus Produkt-/Dienstleistungs-Innovationen: 0,135
- aus Problemlösungs-Innovationen: 0,05
- aus Prozess-Innovationen: 0,0
- aus Partnerschafts-Innovationen: 0,06
- → SUMME 0,245

Umsatz-Wert in € im Jahr t:

- Wert in € im Vorjahr: 5.000.000
- Steigerungsrate im Jahr t: 0,245
- → PRODUKT: Wert Vorjahr x (1+Steigerungsrate) 6.225.000

Position	Jahr	Steigerung in %	Wert in €
Umsatz	Vorjahr	-	5.000.000
Rohertrag	Vorjahr	-	1.000.000
Umsatz	t	24,5	6.225.000
Rohertrag	t	20,5	1.205.000
Umsatz	t+1	28,3	7.986.675
Rohertrag	t+1	25,5	1.512.275
Umsatz	t+2	29,9	10.374.690
Rohertrag	t+2	28,0	1.935.712

Formblatt für Ihre Ergebnisse

Produkt-/ Dienstleistungs-Innovationen		Jahr t			Jahr t+1			Jahr t+2		
		Erhöhung E	Wahrscheinlichkeit W	Produkt E*W	Erhöhung E	Wahrscheinlichkeit W	Produkt E*W	Erhöhung E	Wahrscheinlichkeit W	Produkt E*W
1.	Umsatz-Steigerung									
2.	Rohertrags-Steigerung									

Problemlösungs-Innovationen für Zielgruppen		Jahr t			Jahr t+1			Jahr t+2		
		Erhöhung E	Wahrscheinlichkeit W	Produkt E*W	Erhöhung E	Wahrscheinlichkeit W	Produkt E*W	Erhöhung E	Wahrscheinlichkeit W	Produkt E*W
1.	Umsatz-Steigerung									
2.	Rohertrags-Steigerung									

Prozess-Innovationen		Jahr t			Jahr t+1			Jahr t+2		
		Erhöhung E	Wahrscheinlichkeit W	Produkt E*W	Erhöhung E	Wahrscheinlichkeit W	Produkt E*W	Erhöhung E	Wahrscheinlichkeit W	Produkt E*W
1.	Umsatz-Steigerung									
2.	Rohertrags-Steigerung									

Partnerschafts-Innovationen		Jahr t			Jahr t+1			Jahr t+2		
		Erhöhung E	Wahrscheinlichkeit W	Produkt E*W	Erhöhung E	Wahrscheinlichkeit W	Produkt E*W	Erhöhung E	Wahrscheinlichkeit W	Produkt E*W
1.	Umsatz-Steigerung									
2.	Rohertrags-Steigerung									

Summieren Sie nun für jedes Jahr die Umsatz- bzw. Rohertragssteigerung der vier P's insgesamt gemäß obigem Beispiel, indem Sie die jeweiligen Steigerungen (Produkt E*W) addieren.

Diese Gesamtsteigerung sowie den von Ihnen angegebenen Umsatz und Rohertrag können Sie in untenstehende Tabelle übertragen. Indem Sie anschließend die Steigerungsraten mit dem von Ihnen angegebenen Umsatz bzw. Rohertrag multiplizieren, können Sie die geschätzten Werte für die nächsten drei Jahre berechnen.

Position	Jahr	Steigerung in %	Wert in €
Umsatz	Vorjahr	-	
Rohertrag	Vorjahr	-	
Umsatz	t		
Rohertrag	t		
Umsatz	t+1		
Rohertrag	t+1		
Umsatz	t+2		
Rohertrag	t+2		

2.4.5 Frühwarnsystem

Das im Folgenden vorgestellte Frühwarnsystem soll Ihnen auf einen Blick zeigen, in welchen Bereichen die Herausforderungen in Ihrem Unternehmen liegen.

Dem Frühwarnsystem liegt die Ampel-Logik mit den Farben grün, gelb und rot zugrunde.

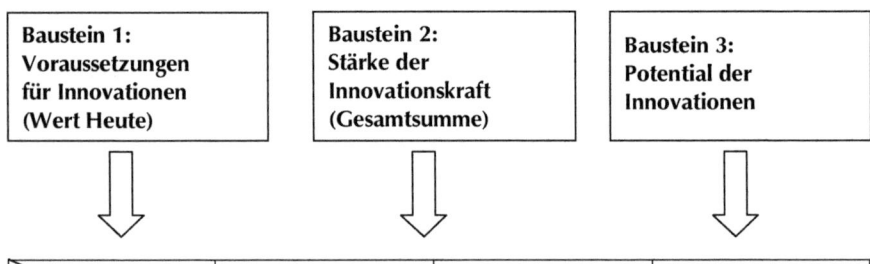

Ampelfarbe Baustein	ROT	GELB	GRÜN
Baustein 1: **Voraussetzungen** **für Innovationen**	Gesamtsumme kleiner 40	Gesamtsumme zwischen 40 und 60	Gesamtsumme größer 60
Baustein 2: **Stärke der** **Innovationskraft**	Gesamtsumme kleiner 40	Gesamtsumme zwischen 40 und 60	Gesamtsumme größer 60
Baustein 3: **Potential der** **Innovationen**	Gesamt-Umsatz- oder Rohertragssteigerung in t+2 kleiner 10 %	Gesamt-Umsatz- oder Rohertragssteigerung in t+2 zwischen 10 und 20 %	Gesamt-Umsatz- oder Rohertragssteigerung in t+2 größer 20 %

3. Qualitäts-Management

3.1 Die Problemstellung

Die wichtigsten Einflussfaktoren

Das Thema Qualität hat seit ungefähr zwei Dekaden einen hohen Stellenwert. Die Gründe hierfür sind vielschichtig. Wesentlichen Einfluss haben unter anderem

- die hohen Kundenerwartungen hinsichtlich der Qualität der Dienstleistungen und Produkte,
- die europaweiten Herausforderungen und die zunehmende Internationalisierung der Märkte,
- das Streben nach geringeren Umweltbelastungen, das neue oder veränderte Erzeugungs- und Dienstleistungsprozesse durch den Einsatz richtungweisender Technologien in intelligenten Netzen bedingt,
- die zunehmende Verflechtung der Logistik-Prozesse zwischen den mit der Produktion/Dienstleistung betrauten Firmen,
- die immer größer werdende Komplexität und Varietät der Dienstleistungen und Prozesse.

Der Qualitäts-Begriff

Es existieren unterschiedliche Definitionen zum Begriff Qualität, da Qualität ein komplexer und schwer fassbarer Begriff ist. Es gibt keine richtige oder falsche Definition; die Zielrichtung bestimmt letztlich den Inhalt des Begriffes. Dabei gibt es unterschiedliche Ansätze.
1. Der Produkt-/Dienstleistungsbezogene Ansatz:
   Dem Qualitätsangebot werden bestimmte Eigenschaften zugeordnet.
2. Der kundenbezogene Ansatz:
   Hier geht man von den Wünschen des Kunden aus. Produkte/Dienstleistungen, die die Kundenanforderungen am besten abdecken, sind qualitativ hochstehend.
3. Der universelle, transzendente Ansatz:
   Qualität steht hier umfassend als ganzheitliches System für hohe Standards und Anforderungen.

Die klassische Orientierung der Begriffsumschreibung an Dienstleistungen und am Kunden ist zunächst richtig. Heute gilt es aber aus der Sicht des Unternehmens als Kunden nicht nur den klassischen Kunden zu sehen, sondern auch jeden Mitarbeiter, jedes Team, jede Abteilung und jeden Funktionsbereich, der Leistungen empfängt. Zum erweiterten Begriff des Kunden zählen neben den Mitarbeitern insbesondere die Führungskräfte, die Unternehmensführung, die Kapitalgeber und die Öffentlichkeit. Es gilt also, den Kunden übergreifend zu betrachten, extern wie intern.

Neben der Rolle des „Kunden" ist jeder Mitarbeiter gleichzeitig auch in der Rolle eines „Lieferanten", d. h. eines Lieferanten von Produkten oder Dienstleistungen. Da der Begriff Kunde im betrieblichen Alltag nahezu ausschließlich geprägt ist durch die klassische Orientierung, d. h. der Kunde ist ein außenstehender Dritter, er ist Geschäftspartner, wird hier vom Qualitäts-Nachfrager ausgegangen. Dem Qualitäts-Nachfrager stehen auf der anderen Seite das Qualitäts-Angebot und der Qualitäts-Lieferant gegenüber.

Das Qualitäts-Angebot hat die sachliche Ebene, das physische Ergebnis bzw. den physischen Prozess des Produktes oder der Dienstleistung zum Inhalt. Der Qualitäts-Lieferant steht für die menschliche Ebene; für die Personen, die die materielle Leistung erbringen. Vereinfachend kann man beim Qualitäts-Angebot vom Produkt, beim Qualitäts-Lieferanten vom Service sprechen. Vor diesem Hintergrund ist die folgende Definition zweckmäßig: „Qualität ist die Erfüllung der Anforderungen des Qualitäts-Nachfragers durch das Qualitäts-Angebot und den Qualitäts-Lieferanten" (siehe Abbildung „Das Qualitäts-Dreieck").

Der Qualitäts-Nachfrager ist dabei das Maß für Qualität. Es gilt, seine Erwartungen und Anforderungen zu erfüllen. Diese werden aber in zahlreichen Situationen nicht immer

- offen dargelegt,
- präzise formuliert,
- bewusst gemacht und
- nachvollziehbar abgeleitet.

Es ist auch zu berücksichtigen, dass sowohl die externen als auch die internen Nachfrager eine zweipolige Spannungsreihe darstellen von

- bekannten und unbekannten Kunden,
- alten und neuen Kunden,
- jüngeren und älteren Kunden,
- bequemen und unbequemen Kunden usw.

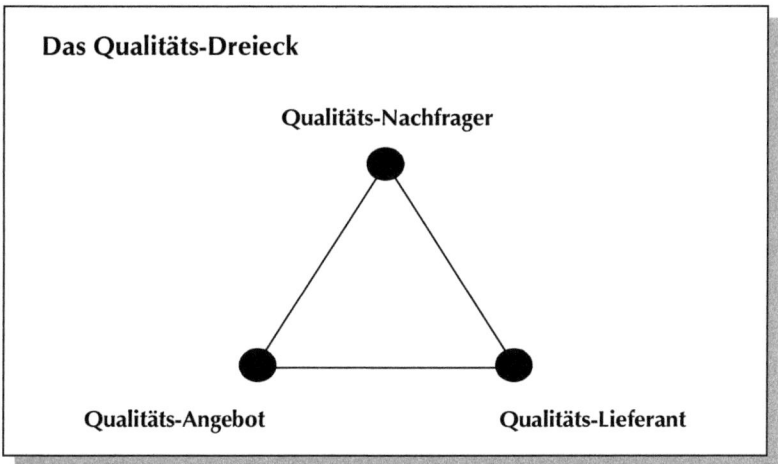

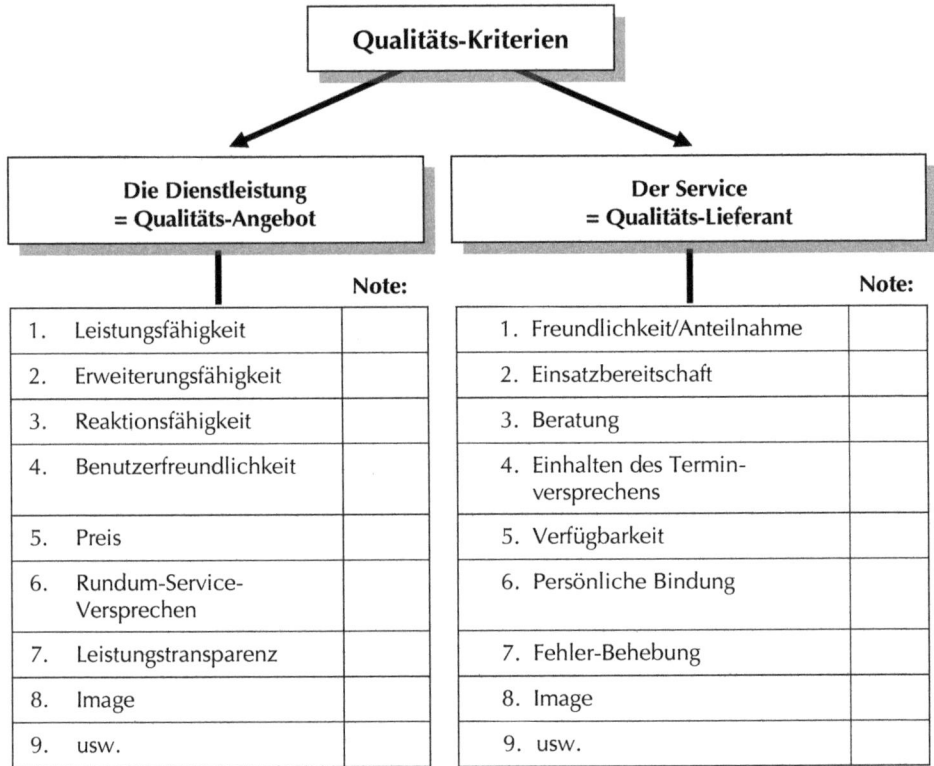

3.2 Die Qualitätsmanagement-Bilanz: Ziele und Methodik

Das Qualitätsmanagement ist ein anderer wichtiger Erfolgsfaktor für Unternehmen. Zur Bewertung des QMs wurden das Prinzip und die Struktur der Innovations-Bilanz auf das QM übertragen.

Mit der QM-Bilanz werden der Status Ihres QMs und das Potential der Qualitätsmaßnahmen Ihres Unternehmens gemessen. Eine Einschätzung der Fitness eines Unternehmens ist ebenso möglich wie die Bewertung der Auswirkungen der Qualitätsmaßnahmen auf die zukünftige Bilanz- und Ertragslage.

Die Bewertung Ihres QMs können Sie anhand eines leicht verständlichen Fragebogens durchführen. Der Fragebogen beinhaltet insgesamt 48 Fragen. Einige der Fragen sind in ähnlicher Form aus der Innovations-Bilanz bekannt und tragen nun im Kontext des Qualitätsmanagements zur Analyse bei.

Nach der Beantwortung der Fragen erhalten Sie eine Anleitung, wie Sie Ihre Selbsteinschätzung schnell und strukturiert auswerten können. Schließlich erstellen Sie auf dieser Basis das Kurzgutachten Ihrer QM-Bilanz und erhalten somit eine übersichtlich aufbereitete Bewertung Ihres QMs.

3.3 Analyse

Die in Kapitel 1 bereits einführend beschriebenen drei Bausteine der Analyse Ihres Qualitätsmanagements sind:

1. Wie gut sind die Voraussetzungen für das QM?
2. Wie ist der Status bei der Generierung von Wettbewerbsvorteilen in den 4 P's?
3. Wie ist die individuelle Einschätzung des potentiellen Einflusses des QM auf den Umsatz und den Rohertrag?

1. Voraussetzungen für das QM	2. Analyse des QM-Status	3. Potential des QM
1.1 Strategie	2.1 Produkt-/Dienstleistungs-QM	3.1 Produkt-/Dienstleistungs-QM
1.2 Organisation	2.2 Problemlösungs-QM für Zielgruppen	3.2 Problemlösungs-QM für Zielgruppen
1.3 Führung/Mitarbeiter	2.3 Prozess-QM	3.3 Prozess-QM
1.4 Kundenorientierung	2.4 Partnerschafts-QM	3.4 Partnerschafts-QM

3.3.1 Baustein 1: Voraussetzungen für das QM

Im ersten Bereich der QM-Bilanz wird untersucht, inwiefern in Ihrem Unternehmen die Voraussetzungen für das QM erfüllt und welche künftigen Entwicklungen geplant sind. Durch dieses Phasenmodell mit dem Vergleich der Voraussetzungen heute (H) und dem Zielwert „morgen" (M), d. h. in zwei Jahren, kann ermittelt werden, welche Zielvorstellungen es im Unternehmen gibt und wie lang der Weg zu diesem Ziel noch ist.

Zu den vier Teilbereichen Strategie, Organisation, Führung/Mitarbeiter und Kundenorientierung werden Ihnen jeweils fünf Fragen gestellt. Beantworten Sie bitte jede Frage hinsichtlich der aktuellen Ausprägung („heute") und hinsichtlich der geplanten bzw. gewünschten Ausprägung in zwei Jahren („morgen").

Die fünf vorgegebenen Antwortmöglichkeiten erleichtern Ihre Selbsteinschätzung. Die Bewertungsskala ist ansteigend von 1 bis 5 und unterscheidet zwischen fünf Phasen.

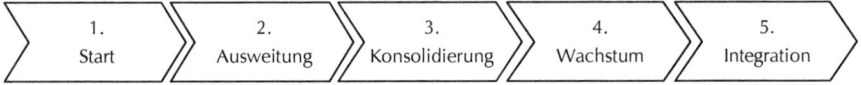

Zögern Sie nicht, wenn Sie zwischen zwei Antworten schwanken. Aufgrund der Vielzahl an Fragen ist eine hundertprozentig richtige und belegbare Antwort auf jede Frage nicht notwendig. Ihre grobe Einschätzung der Unternehmenslage bietet bereits eine ausreichende Ausgangsbasis für eine detaillierte Analyse. Bitte nutzen Sie die grau hinterlegten Felder für Ihre Antworten (siehe nachfolgendes Beispiel).

Beispiel

	Frage	Bewertungsskala					Wert	
		1	2	3	4	5	H	M
2.	Werden in Ihrem Unternehmen Kunden-Befragungen zur Qualität durchgeführt?	Nein – wir glauben alles zu wissen	Die Zielgruppen und deren Erwartungen sind bekannt	Controlling der wirtschaftlichen Daten mit Folgerungen	Wir wissen, was die einzelnen Kundengruppen wünschen	Wir begeistern Kunden und nutzen Kunden-Ideen	2	3

1. Strategie als Voraussetzung für das QM

Frage	Bewertungsskala					Wert	
	1	2	3	4	5	H	M
1. Welche Strategie verfolgt Ihr Unternehmen?	Keine Strategie – wir schwimmen mit	Kurzfristige Ausrichtung mit Anpassung an den Markt	Mittelfristige Strategie-Ansätze mit kreativen Beiträgen	Systematisches Nutzen der Chancen	Wir bestimmen den Markt durch QM		
2. Werden in Ihrem Unternehmen Kunden-Befragungen zur Qualität durchgeführt?	Nein – wir glauben alles zu wissen	Die Zielgruppen und deren Erwartungen sind bekannt	Controlling der wirtschaftlichen Daten mit Folgerungen	Wir wissen, was die einzelnen Kundengruppen konkret wünschen	Wir begeistern Kunden und nutzen Kunden-Ideen		
3. Werden in Ihrem Unternehmen Wettbewerbs-Analysen durchgeführt?	Nein	Nur klassische Produkt-Vergleiche	Produkt-Vergleiche und Zielgruppen-Analysen	Produkt-Vergleiche, Kunden-Analysen und Wettbewerbs-Vergleiche	Ganzheitliche Wettbewerbsanalysen		
4. Auf welchen QM-Feldern ist Ihr Unternehmen tätig?	Produkt-/ Dienstleistungs-QM	Problemlösungs-QM	Prozess-QM	Partnerschafts-QM	Philosophie-QM		
5. Inwieweit wird die QM-Strategie in Ihrem Unternehmen gelebt?	Chef/ Führungskreis meint, es richtig zu machen	Fixierung erster strategischer Aussagen im Führungskreis	Bemühung um formale Umsetzung mit den Mitarbeitern	Permanenter Transfer in die Praxis alle sind eingebunden	Strategie wird voll gelebt und QM wird gefördert		

2. Organisation als Voraussetzung für das QM

Frage		Bewertungsskala					Wert	
		1	2	3	4	5	H	M
1.	Wodurch zeichnet sich die Strukturierung Ihres Unternehmens aus (Aufbau-organisation)?	Schwerfällig	Kästchen-Denken	Zweckmäßiger funktions-orientierter Aufbau	Zunahme der Prozess-Organisation	Bestmögliche Anpassung mit Vorteilen nach innen und außen		
2.	Wodurch zeichnen sich die Arbeitsprozesse in Ihrem Unternehmen aus (Ablauforganisation)?	Zahlreiche Schwachstellen	Erkennen und Beseitigen der Schwachstellen	Kontinuierlicher Verbesserungsprozess mit vielen Beteiligten	Orientierung an Benchmarks – Mitarbeiter verbessern permanent	Optimierung der internen und externen Prozesse		
3.	Inwiefern werden Betroffene einbezogen?	Sehr begrenzt	Unterrichtung der Betroffenen	Stärkere Mitwirkung	Betroffene übernehmen Verantwortung	Betroffene sind qualitätsbewusst und streben nach Wettbewerbsvorteilen		
4.	Wie hoch ist der Einsatz von Technologien in Ihrem Unternehmen (insbesondere IT)?	Sehr geringer Einsatz	Geringer Einsatz	Starker Einsatz	Technologien sind eng miteinander vernetzt und ergänzen sich	Starke Wettbewerbsvorteile durch Technologien		
5.	Wie werden in Ihrem Unternehmen Qualitätsvorschläge gewonnen?	Ohne Systematik	Bemühen um ein gutes Qualitätsklima	Mitarbeiter erhalten Methodenschulungen	QM-Ziele sind für alle vorhanden	Aktives Leben von QM, Mitarbeiter sind weit über die Ziele hinaus qualitätsbewusst		

3. Führung/Mitarbeiter als Voraussetzung für das QM

Frage	Bewertungsskala					Wert	
	1	2	3	4	5	H	M
1. Welche Rolle spielen Führungskräfte in Ihrem Unternehmen?	Fachliche Orientierung	Einbringen sozialer Kompetenz	Ausgeprägte methodische Kompetenz	Gelebtes Unternehmertum	Starkes qualitätsbewusstes Denken und Handeln		
2. Welche Rolle spielen Mitarbeiter in Ihrem Unternehmen?	Alle Mitarbeiter sind Mitläufer	Viele Mitarbeiter sind motiviert	Die Mehrheit der Mitarbeiter ist motiviert	Alle Mitarbeiter sind hoch motiviert	Alle Mitarbeiter sind Mitunternehmer		
3. Welcher Führungsstil herrscht in Ihrem Unternehmen?	Autoritäres patriarchalisches Führen	Geringe Einbindung der Mitarbeiter	Starke Einbindung der Mitarbeiter	Führen durch Eigenverantwortung	Freiräume werden im Sinne der Kunden genutzt		
4. Wie ist das QM-Klima Ihres Unternehmens?	Sehr schwach ausgeprägt	Vorgesetzten-Mitarbeiter-Verhältnis bestimmt das Betriebsklima	Systematisches Entwickeln eines positiven QM-Klimas	Alle leben die Rolle von Qualitätsverantwortlichen	Das Klima generiert entscheidende QM-Vorteile		
5. Identifizieren sich die Mitarbeiter und Führungskräfte mit dem Unternehmen?	Kaum	Identifikation der Top-Mitarbeiter gegeben	Identifikation bei vielen Mitarbeitern gegeben	Hohe Identifikation der meisten Beteiligten	Vorbildliche Identifikation aller		

4. Kundenorientierung als Voraussetzung für das QM

Frage	Bewertungsskala					Wert	
	1	2	3	4	5	H	M
1. Wie werden in Ihrem Unternehmen Kundenwünsche bearbeitet?	Es werden wenige Standard-Produkte angeboten.	Es gibt spezifische Problemlösungen für die einzelnen Zielgruppen.	Der Prozess des Kunden wird untersucht, um seinen Nutzen zu maximieren.	Es werden Partnerschaften zu beiderseitigem Nutzen eingegangen.	Übereinstimmende Philosophien der beiden Partner bilden die Grundlage.		
2. Inwiefern wird der Kunde durch Ihr Unternehmen beraten?	Standardisierte Beratung	Individuelle Ausrichtung	Realisieren einer spezifischen Beratungsstrategie	Verdeutlichung des Mehrwerts/ Nutzens	Gewinner-Gewinner-Situationen schaffen		
3. Wie ausgeprägt ist die Kundenbetreuung in Ihrem Unternehmen?	Kunde = Geschäftsvorfall	Gute Kundenbetreuung	Vorausdenken für die Kunden	Ganzheitliche Betreuung der Kunden	Herausragende Kundenbetreuung		
4. Welche Beziehung herrscht zwischen Ihren Kunden und Ihrem Unternehmen?	Standardisierte Abwicklung	Abwicklung nach A-, B- und C-Regeln	Aufbau eines individualisierten Informationssystems	Pflege persönlicher Beziehungen	Sehr gutes Miteinander		
5. Welche Art von Bindung der Kunden besteht zu Ihrem Unternehmen?	Keine Bindung	Niedrige Austrittsbarrieren, Kunde kann Sie sehr leicht ersetzen	Mittlere Austrittsbarrieren, Kunde kann Sie durchaus ersetzen	Hohe Austrittsbarrieren, Kunde kann Sie nur schwer ersetzen	Bestmögliche langfristige Bindung		

3.3.2 Baustein 2: Aktuelle Stärke des QM

Die Voraussetzungen Ihres Unternehmens für das QM in den Bereichen Strategie, Organisation, Führung/Mitarbeiter und Kundenorientierung haben Sie im ersten Baustein bewertet. Im zweiten Baustein Ihrer QM-Bilanz wird der Status bei der Generierung von Wettbewerbsvorteilen in den 4 P's heute untersucht. Es wird überprüft, wie gut Sie heute im Bereich Qualität bereits aufgestellt sind.

Die in Kapitel 2 definierten 4 P's werden übertragen auf den Bereich QM. Zu den vier Feldern Produkt-/Dienstleistungs-, Problemlösungs-, Prozess- und Partnerschafts-Qualität werden Ihnen jeweils fünf Fragen gestellt.

Beispiele für die 4 P's des Qualitätsmanagements

Produkt-Qualitätsmaßnahmen:

- Standardisierung von Bauteilen und Komponenten
- Modulbauweise

Problemlösungs-Qualitätsmaßnahmen:

- Untersuchung der Kunden-Reklamationen
- Auswertung von Besuchsberichten

Prozess-Qualitätsmaßnahmen:

- Erstellung/Überarbeitung von Arbeitsanweisungen
- Visualisierung von Prozessen und Eliminierung von Verschwendung

Partnerschafts-Qualitätsmaßnahmen:

- Festlegung von Zielen der Qualitätsverbesserung mit dem Partner und ständige Überprüfung
- Regelmäßige gemeinsame Abstimmungen zur Qualitätsverbesserung

Beantworten Sie bitte jede Frage hinsichtlich der aktuellen Ausprägung (heute). Die fünf vorgegebenen Antwortmöglichkeiten erleichtern hierbei Ihre Selbsteinschätzung. Die Bewertungsskala ist wie bei Baustein 1 ansteigend von 1 bis 5.

Bitte nutzen Sie die grau hinterlegten Felder für Ihre Antworten (siehe nachfolgendes Beispiel).

Beispiel

	Frage	Bewertungsskala					Wert
		1	2	3	4	5	H
1.	Sind Sie in Produkt-/Dienst-leistungs-Qualitätsmaßnahmen führend?	Nein	Sehr begrenzt	Teilweise	Über-wiegend	Ja	4

1. Produkt-/Dienstleistungs-Qualität

	Frage	Bewertungsskala					Wert
		1	2	3	4	5	heute
1.	Sind Sie in Produkt-/Dienstleistungs-Qualitätsmaßnahmen führend?	Nein	Sehr begrenzt	Teilweise	Überwiegend	Ja	
2.	Analysieren Sie die Branchenentwicklung regelmäßig auf Qualitätsmaßnahmen?	Nein	Sehr begrenzt	Teilweise	Überwiegend	Ja	
3.	Bemühen Sie sich, neueste Methoden im Markt anzuwenden?	Nein	Sehr begrenzt	Teilweise	Überwiegend	Ja	
4.	Finden Produkt-/DL-Entwicklungen bei Ihnen verstärkt unter Einbeziehung der Kunden statt (z. B. Kunden-Beirat)?	Nein	Sehr begrenzt	Teilweise	Überwiegend	Ja	
5.	Ist der Anteil von neuen Produkt-/Dienstleistungs-Maßnahmen am Gesamtumsatz hoch genug?	Nein	Sehr begrenzt	Teilweise	Überwiegend	Ja	

2. Problemlösungs-Qualität

	Frage	Bewertungsskala					Wert
		1	2	3	4	5	heute
1.	Bemühen Sie sich, für einzelne Zielgruppen Ihrer Kunden Qualitäts-Lösungen zu finden?	Nein	Sehr begrenzt	Teilweise	Überwiegend	Ja	
2.	Erarbeiten Sie mit einzelnen Zielgruppen systematisch Qualitäts-Verbesserungen?	Nein	Sehr begrenzt	Teilweise	Überwiegend	Ja	
3.	Spüren Ihre Zielgruppen, dass Sie verglichen mit den Wettbewerbern mehr für Qualität tun?	Nein	Sehr begrenzt	Teilweise	Überwiegend	Ja	
4.	Wachsen Sie mit den richtigen Zielgruppen und binden Sie diese durch Qualitätsmaßnahmen an Ihr Unternehmen?	Nein	Sehr begrenzt	Teilweise	Überwiegend	Ja	
5.	Ist der Anteil von Problemlösungen für Zielgruppen am Gesamtumsatz zufriedenstellend?	Nein	Sehr begrenzt	Teilweise	Überwiegend	Ja	

3. Prozess-Qualität

	Frage	Bewertungsskala					Wert
		1	2	3	4	5	heute
1.	Bemühen Sie sich, die besten Informationen über Ihre Kunden und deren Produktnutzung zu erfassen und für Ihr Unternehmen zu nutzen?	Nein	Sehr begrenzt	Teilweise	Überwiegend	Ja	
2.	Optimieren Sie die Prozesse mit Ihren Kunden und sind Sie die aktiven Gestalter (z. B. bei Bestell- und Ausführungs-Vorgängen)?	Nein	Sehr begrenzt	Teilweise	Überwiegend	Ja	
3.	Findet die Optimierung der Prozesse immer im Sinne eines Gewinner-Gewinner-Ansatzes statt?	Nein	Sehr begrenzt	Teilweise	Überwiegend	Ja	
4.	Bemühen Sie sich permanent um neue Prozess-Verbesserungen (z. B. Vorausdenken für den Kunden)?	Nein	Sehr begrenzt	Teilweise	Überwiegend	Ja	
5.	Ist der Anteil von Prozess-Optimierungen am Gesamtumsatz relativ hoch und ständig wachsend?	Nein	Sehr begrenzt	Teilweise	Überwiegend	Ja	

4. Partnerschafts-Qualität

	Frage	Bewertungsskala					Wert
		1	2	3	4	5	heute
1.	Treffen Sie sich regelmäßig mit Partnern (z. B. Kunden, Lieferanten, Wettbewerbern), bemühen Sie sich um Qualitäts-Verbesserungen?	Nein	Sehr begrenzt	Teilweise	Überwiegend	Ja	
2.	Spüren alle Partner, dass Sie aktive Qualitäts-Gestalter sind?	Nein	Sehr begrenzt	Teilweise	Überwiegend	Ja	
3.	Optimieren Sie die Zusammenarbeit mit Ihren Partnern, insbesondere auf dem Gebiet der Qualitäts-Verbesserung?	Nein	Sehr begrenzt	Teilweise	Überwiegend	Ja	
4.	Sind Sie mit dem Anteil an Partnerschafts-Qualitätsmaßnahmen überdurchschnittlich in der Branche?	Nein	Sehr begrenzt	Teilweise	Überwiegend	Ja	
5.	Ist der Anteil von Partnerschafts-Maßnahmen am Gesamtumsatz zufriedenstellend?	Nein	Sehr begrenzt	Teilweise	Überwiegend	Ja	

3.3.3 Baustein 3: Potentiale des QM

Sie haben in den ersten beiden Bausteinen der QM-Bilanz zunächst die Voraussetzungen für das QM und anschließend den Status bei der Generierung von Wettbewerbsvorteilen in den 4 P's bewertet.

Im dritten Bereich der QM-Bilanz wird das wirtschaftliche Potential der QM-Maßnahmen untersucht, um eine Bewertung des Einflusses auf Ihren zukünftigen Umsatz und den Rohertrag zu ermöglichen. Auch wenn die quantitative Einschätzung der Auswirkungen von QM-Maßnahmen eine Herausforderung sein kann, bietet sie einen enormen Mehrwert für das Unternehmen und andere Beteiligte. Mit den angegebenen Werten kann der potentielle Umsatz und Rohertrag der kommenden Jahre errechnet werden. Das Ziel der Einschätzungen ist nicht eine vollständige Korrektheit der Angaben, sondern eine grobe Erstbewertung über die gegebenenfalls diskutiert werden kann.

Zu den vier QM-Feldern Produkt-/Dienstleistungs-, Problemlösungs-, Prozess- und Partnerschafts-Qualität werden Ihnen je zwei Fragen gestellt. Beantworten Sie bitte jede Frage hinsichtlich der geplanten Ausprägung im aktuellen Jahr, im nächsten Jahr und im übernächsten Jahr.

Geben Sie bei jeder Frage an, wie hoch Ihrer Meinung nach die prozentuale Erhöhung im jeweiligen Bereich in den einzelnen Jahren sein wird. Außerdem bitten wir Sie, anzugeben, wie wahrscheinlich diese Erhöhung ist. Wählen Sie hierzu eine der folgenden Wahrscheinlichkeiten:

- sehr hoch
- hoch
- mittel
- gering
- sehr gering

Bitte nutzen Sie die grau hinterlegten Felder für Ihre Antworten (siehe nachfolgendes Beispiel).

Beispiel

	Frage	Jahr: t		Jahr: t+1		Jahr: t+2	
		Erhöhung (%)	Wahrscheinlichkeit	Erhöhung (%)	Wahrscheinlichkeit	Erhöhung (%)	Wahrscheinlichkeit
1.	Welche zusätzliche Erhöhung des Umsatzes ermöglichen Produkt-/Dienstleistungs-Qualitätsmaßnahmen und wie wahrscheinlich ist diese Erhöhung?	5	**sehr hoch**	6	hoch	8	hoch

Qualitäts-Management 67

1. Potential der Produkt-/Dienstleistungs-Qualitätmaßnahmen

Frage	Jahr: t		Jahr: t+1		Jahr: t+2	
	Erhöhung (%)	Wahrscheinlichkeit	Erhöhung (%)	Wahrscheinlichkeit	Erhöhung (%)	Wahrscheinlichkeit
1. Welche zusätzliche Erhöhung des **Umsatzes** in % ermöglichen Produkt-/Dienstleistungs-Qualitätsmaßnahmen und wie wahrscheinlich ist diese Erhöhung?						
2. Welche zusätzliche Erhöhung des **Rohertrags** in % ist durch Produkt-/Dienstleistungs-Qualitätsmaßnahmen möglich?						

2. Potential der Problemlösungs-Qualitätsmaßnahmen

Frage	Jahr: t		Jahr: t+1		Jahr: t+2	
	Erhöhung (%)	Wahrscheinlichkeit	Erhöhung (%)	Wahrscheinlichkeit	Erhöhung (%)	Wahrscheinlichkeit
1. Welche zusätzliche Erhöhung des **Umsatzes** in % ist durch Problemlösungs-Qualitäts-maßnahmen möglich und wie wahrscheinlich ist diese Erhöhung?						
2. Welche zusätzliche Erhöhung des **Rohertrags** in % ist durch Problemlösungs-Qualitäts-maßnahmen möglich?						

3. Potential der Prozess-Qualitätsmaßnahmen

Frage	Jahr: t		Jahr: t+1		Jahr: t+2	
	Erhöhung (%)	Wahrscheinlichkeit	Erhöhung (%)	Wahrscheinlichkeit	Erhöhung (%)	Wahrscheinlichkeit
1. Welche zusätzliche Erhöhung des **Umsatzes** in % ist durch Prozess-Qualitätsmaßnahmen möglich und wie wahrscheinlich ist diese Erhöhung?						
2. Welche zusätzliche Erhöhung des **Rohertrags** in % ist durch Prozess-Qualitätsmaßnahmen möglich?						

4. Potential der Partnerschafts-Qualitätmaßnahmen

Frage	Jahr: t		Jahr: t+1		Jahr: t+2	
	Erhöhung (%)	Wahrscheinlichkeit	Erhöhung (%)	Wahrscheinlichkeit	Erhöhung (%)	Wahrscheinlichkeit
1. Welche zusätzliche Erhöhung des **Umsatzes** in % ist durch Partnerschafts-Qualitäts-maßnahmen möglich und wie wahrscheinlich ist diese Erhöhung?						
2. Welche zusätzliche Erhöhung des **Rohertrags** in % ist durch Partnerschafts-Qualitätsmaßnahmen möglich?						

Geben Sie nun bitte noch den Umsatz und den Rohertrag (Umsatz minus Waren-/Materialeinsatz) Ihres Unternehmens im vergangenen Jahr in Euro an.

Umsatz Vorjahr in €	
Rohertrag Vorjahr in €	

3.4 Auswertungen

Nachdem Sie den Fragebogen zur QM-Bilanz ausgefüllt haben, können Sie Ihre Antworten nun mit Hilfe der folgenden Methoden auswerten. Zunächst erstellen Sie Ihre QM-Bilanz, eine Übersicht über die ersten beiden Bausteine. Anschließend werten Sie die drei Bausteine der QM-Bilanz im Einzelnen aus, ehe Sie schließlich Ihr Frühwarnsystem aufstellen können.

3.4.1 Die QM-Bilanz

Die QM-Bilanz bietet Ihnen einen ersten Überblick über die beiden Bausteine Voraussetzungen für das QM und Stärke Ihres QM. Um die QM-Bilanz aufzustellen, addieren Sie bitte zum einen Ihre Antworten auf die 20 Fragen von Baustein 1 (Voraussetzungen für das QM, Stand heute), zum anderen Ihre Antworten auf die 20 Fragen von Baustein 2 (Stärke des QM).

Das maximal erreichbare Ergebnis ist 100, minimal sind 20 Punkte erreichbar. Tragen Sie Ihr Ergebnis bitte in die vorgesehenen Felder ein:

Summe Punktzahl Baustein 1	
Voraussetzungen für das QM, Stand heute	

Summe Punktzahl Baustein 2	
Stärke des QM	

Übertragen Sie den Punktwert nun bitte in die folgende Grafik, um Ihre QM-Bilanz zu erhalten.

Graphische Darstellung der QM-Bilanz

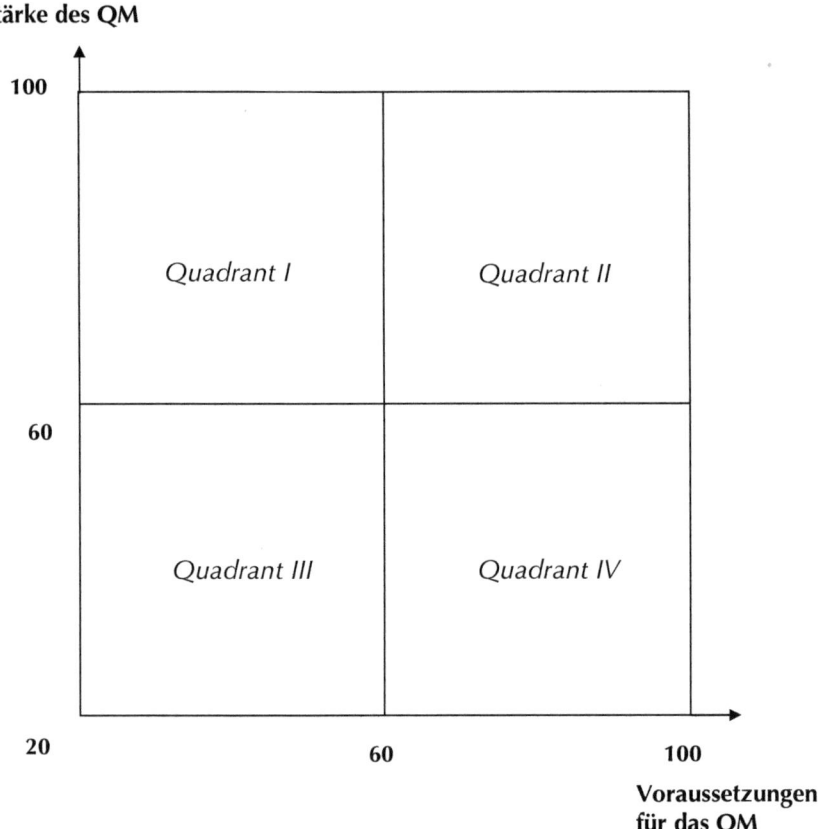

Analyse Ihres Ergebnisses

Quadrant I:

Voraussetzungen für das QM sind zu verbessern, Stärke des QM ist hoch
(Punktzahl Voraussetzungen für das QM < 60, Stärke des QM > 60).

Die Voraussetzungen für das QM in Ihrem Unternehmen sind nicht zufriedenstellend erfüllt. Die Bereiche Strategie, Organisation, Führung/Mitarbeiter und Kundenorientierung bieten insgesamt keine qualitätsfördernde Basis. Trotz dieser Ausgangslage ist der QM-Status Ihres Unternehmens aktuell gut. Von den vier existierenden Qualitätsfeldern Produkt-/Dienstleistungs-, Problemlösungs-, Prozess- und Partnerschafts-Qualität ist ein überwiegender Teil vorhanden. Durch eine Erfüllung der Voraussetzungen für QM können Sie in Zukunft ein qualitätsfreundlicheres Klima schaffen und Ihren QM-Status möglicherweise noch weiter steigern.

Quadrant II:

Voraussetzungen für das QM sind erfüllt, Stärke des QM ist hoch (Punktzahl Voraussetzungen für das QM > 60, Stärke des QM > 60).

Die Voraussetzungen für das QM in Ihrem Unternehmen sind zufriedenstellend erfüllt. Die Bereiche Strategie, Organisation, Führung/Mitarbeiter und Kundenorientierung bieten insgesamt eine qualitätsfördernde Basis. Auch aufgrund dieser positiven Ausgangslage ist der QM-Status des Unternehmens aktuell gut. Von den vier Qualitätsfeldern Produkt-/Dienstleistungs-, Problemlösungs-, Prozess- und Partnerschafts-Qualität ist der überwiegende Teil zumindest teilweise vorhanden. Ihr Unternehmen hat es geschafft, durch ein qualitätsfreundliches Klima einen guten QM-Status zu erreichen. Lassen Sie nicht nach, sondern nutzen Sie weiter Ihr förderndes Klima und die vier Qualitätsfelder.

Quadrant III:

Voraussetzungen für das QM sind zu verbessern, Stärke des QM ist zu erhöhen (Punktzahl Voraussetzungen für das QM < 60, Stärke des QM < 60).

Die Voraussetzungen für das QM in Ihrem Unternehmen sind nicht zufriedenstellend erfüllt. Die Bereiche Strategie, Organisation, Führung/Mitarbeiter und Kundenorientierung bieten insgesamt keine qualitätsfördernde Basis. Auch aufgrund dieser unvorteilhaften Ausgangslage ist der QM-Status des Unternehmens aktuell gering. Von den vier Qualitätsfeldern Produkt-/Dienstleistungs-, Problemlösungs-, Prozess- und Partnerschafts-Qualität ist der überwiegende Teil nicht oder nur in Ansätzen vorhanden. Durch eine Erfüllung der Voraussetzungen für QM können Sie in Zukunft jedoch ein qualitätsfreundlicheres Klima schaffen und somit auch Ihren QM-Status erhöhen.

Quadrant IV:

Voraussetzungen für das QM sind erfüllt, Stärke des QM ist zu erhöhen
(Punktzahl Voraussetzungen für das QM > 60, Stärke des QM < 60).

Die Voraussetzungen für das QM in Ihrem Unternehmen sind zufriedenstellend erfüllt. Die Bereiche Strategie, Organisation, Führung/Mitarbeiter und Kundenorientierung bieten insgesamt eine qualitätsfördernde Basis. Trotz dieser positiven Ausgangslage ist der QM-Status des Unternehmens aktuell weniger gut. Von den vier Qualitätsfeldern Produkt-/Dienstleistungs-, Problemlösungs-, Prozess- und Partnerschafts-Qualität ist der überwiegende Teil nicht oder nur in Ansätzen vorhanden. Da Sie bereits ein qualitätsfreundliches Klima geschaffen haben, gilt es nun, die verschiedenen Qualitätsfelder aktiv einzusetzen und umzusetzen, um Ihren QM-Status zu erhöhen.

3.4.2 Voraussetzungen für das QM

Summieren Sie Ihre Antworten für jeden der vier Bereiche von Baustein 1 und tragen Sie das Ergebnis bitte in untenstehende Tabelle ein. Das maximal erreichbare Ergebnis je Bereich und Zeitpunkt ist jeweils 25, minimal sind jeweils 5 Punkte erreichbar. Als Gesamtsumme können Sie zwischen 20 und 100 Punkte erreichen.

Berechnen Sie außerdem das sich ergebende Delta zwischen dem angestrebten Wert morgen und dem Wert heute.

Bereich	Heute (H)	Morgen (M)	Delta (M-H)
Strategie			
Organisation			
Führung/Mitarbeiter			
Kundenorientierung			
Gesamtsumme			

Sie erkennen im Phasenmodell auf einen Blick, ob die Voraussetzungen für das QM in Ihrem Unternehmen heute erfüllt sind und welche Entwicklung

Sie für die Zukunft anstreben. Übertragen Sie nun die oben berechneten Deltas in untenstehende Tabelle und priorisieren Sie die vier Felder mit Hilfe Ihres Wissens über die durch Ihr Unternehmen und die Mitwelt bestehende Handlungsdringlichkeit (A, B oder C).

Im Anschluss daran bitten wir Sie – auch mit Hilfe der weitergehenden Analysen aus Kapitel 6 – Maßnahmen zu definieren, um in den einzelnen Bereichen Ihres Unternehmens Verbesserungen zu erzielen.

Bereich	Delta (M-H)	Priorität (A/B/C)	Handlungs-maßnahmen
Strategie			
Organisation			
Führung/Mitarbeiter			
Kundenorientierung			

3.4.3 Stärke des QM

Summieren Sie Ihre Antworten für jeden der vier Bereiche von Baustein 2 und tragen Sie das Ergebnis bitte in untenstehende Tabelle ein. Das maximal erreichbare Ergebnis je Bereich ist jeweils 25, minimal sind jeweils 5 Punkte erreichbar. Als Gesamtsumme können Sie zwischen 20 und 100 Punkte erreichen.

Sie haben ein angemessenes Niveau erreicht, wenn Ihre Punktzahl in den 4 P's jeweils 15 Punkte übersteigt.

Bereich	Heute (H)
Produkt-/Dienstleistungs-Qualität	
Problemlösungs-Qualität	
Prozess-Qualität	
Partnerschafts-Qualität	
Gesamtsumme	

Priorisieren Sie nun die vier P's auf dieser Basis. Außerdem können Sie erneut Handlungsmaßnahmen definieren, um sich in den einzelnen Bereichen zu verbessern.

Bereich	Priorität (A/B/C)	Handlungsmaßnahmen
Produkt-/Dienstleistungs-Qualität		
Problemlösungs-Qualität		
Prozess-Qualität		
Partnerschafts-Qualität		

3.4.4 Potentiale des QM

Übertragen Sie Ihre Antworten für jeden der vier Bereiche von Baustein 3 bitte in untenstehende Tabelle. Beachten Sie vor dem Ausfüllen bitte das Beispiel aus Kapitel 2.4.4. Für die Wahrscheinlichkeiten setzen Sie bitte folgende Werte ein:

sehr gering	10%
gering	30%
mittel	50%
hoch	70%
sehr hoch	90%

Multiplizieren Sie bitte für jedes Jahr die prozentuale Erhöhung E mit der dazugehörigen Wahrscheinlichkeit W, um die tatsächlich erwartete Steigerung (E*W) zu erhalten.

Qualitäts-Management 75

Produkt-/ Dienstleistungs- Qualitätsmaßnahmen		Jahr t			Jahr t+1			Jahr t+2		
		Erhöhung E	Wahrscheinlichkeit W	Produkt E*W	Erhöhung E	Wahrscheinlichkeit W	Produkt E*W	Erhöhung E	Wahrscheinlichkeit W	Produkt E*W
1.	Umsatz-Steigerung									
2.	Rohertrags-Steigerung									

Problemlösungs- Qualitätsmaßnahmen für Zielgruppen		Jahr t			Jahr t+1			Jahr t+2		
		Erhöhung E	Wahrscheinlichkeit W	Produkt E*W	Erhöhung E	Wahrscheinlichkeit W	Produkt E*W	Erhöhung E	Wahrscheinlichkeit W	Produkt E*W
1.	Umsatz-Steigerung									
2.	Rohertrags-Steigerung									

Prozess- Qualitätsmaßnahmen		Jahr t			Jahr t+1			Jahr t+2		
		Erhöhung E	Wahrscheinlichkeit W	Produkt E*W	Erhöhung E	Wahrscheinlichkeit W	Produkt E*W	Erhöhung E	Wahrscheinlichkeit W	Produkt E*W
1.	Umsatz-Steigerung									
2.	Rohertrags-Steigerung									

Partnerschafts- Qualitätsmaßnahmen		Jahr t			Jahr t+1			Jahr t+2		
		Erhöhung E	Wahrscheinlichkeit W	Produkt E*W	Erhöhung E	Wahrscheinlichkeit W	Produkt E*W	Erhöhung E	Wahrscheinlichkeit W	Produkt E*W
1.	Umsatz-Steigerung									
2.	Rohertrags-Steigerung									

Summieren Sie nun für jedes Jahr die Umsatz- bzw. Rohertragssteigerung der vier P's insgesamt gemäß obigem Beispiel, indem Sie die jeweiligen Steigerungen (Produkt E*W) addieren.

Diese Gesamtsteigerung sowie den von Ihnen angegebenen Umsatz und Rohertrag können Sie in untenstehende Tabelle übertragen. Indem Sie anschließend die Steigerungsraten mit dem von Ihnen angegebenen Umsatz bzw. Rohertrag multiplizieren, können Sie die geschätzten Werte für die nächsten drei Jahre berechnen.

Position	Jahr	Steigerung in %	Wert in €
Umsatz	Vorjahr	-	
Rohertrag	Vorjahr	-	
Umsatz	t		
Rohertrag	t		
Umsatz	t+1		
Rohertrag	t+1		
Umsatz	t+2		
Rohertrag	t+2		

3.4.5 Frühwarnsystem

Das im Folgenden vorgestellte Frühwarnsystem soll Ihnen auf einen Blick zeigen, in welchen Bereichen die Herausforderungen in Ihrem Unternehmen liegen. Dem Frühwarnsystem liegt die Ampel-Logik mit den Farben grün, gelb und rot zugrunde.

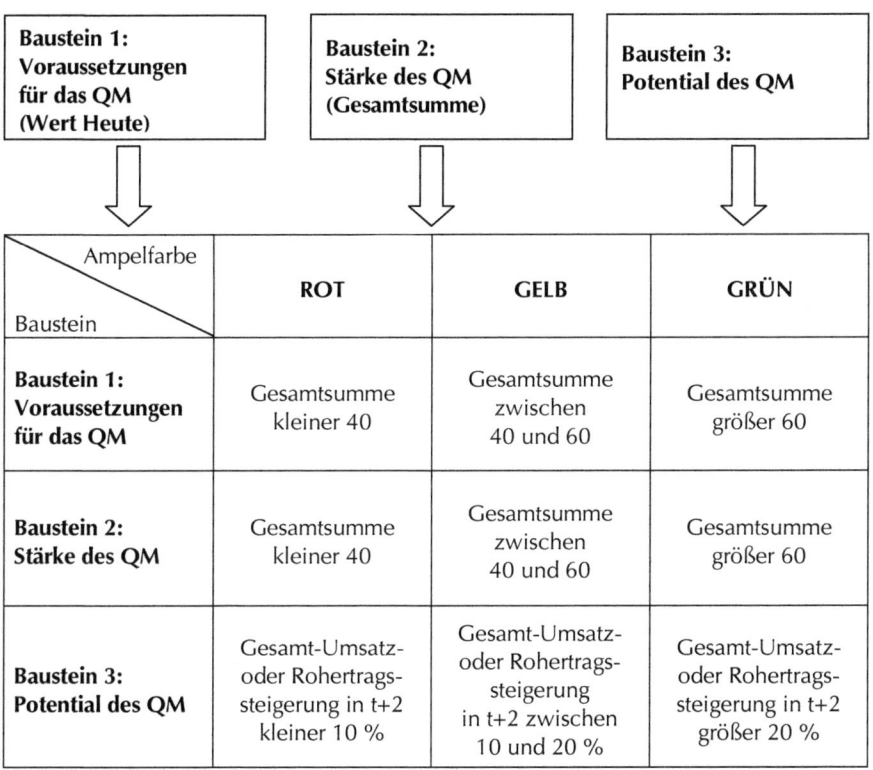

Ampelfarbe Baustein	ROT	GELB	GRÜN
Baustein 1: **Voraussetzungen** **für das QM**	Gesamtsumme kleiner 40	Gesamtsumme zwischen 40 und 60	Gesamtsumme größer 60
Baustein 2: **Stärke des QM**	Gesamtsumme kleiner 40	Gesamtsumme zwischen 40 und 60	Gesamtsumme größer 60
Baustein 3: **Potential des QM**	Gesamt-Umsatz- oder Rohertragssteigerung in t+2 kleiner 10 %	Gesamt-Umsatz- oder Rohertragssteigerung in t+2 zwischen 10 und 20 %	Gesamt-Umsatz- oder Rohertragssteigerung in t+2 größer 20 %

4. Personal-Entwicklung

4.1 Die Problemstellung

Die Problemstellungen im Bereich Personal-Entwicklung werden durch die folgende Checkliste deutlich.

Frage	Bitte Antworten ankreuzen		
1. Sind Sie sich bewusst, dass die Führungskräfte und die Mitarbeiter eines Betriebes dessen größtes Kapital sind?	☺	😐	☹
2. Wissen Sie um die Bedeutung der Unternehmensphilosophie für die Identifikation und Motivation der Mitarbeiter?	☺	😐	☹
3. Haben Sie das Instrument der Zielvereinbarung eingeführt?	☺	😐	☹
4. Werden Mitarbeiter in Ihrem Unternehmen an Entscheidungsprozessen beteiligt?	☺	😐	☹
5. Agieren die Mitarbeiter als Mitunternehmer?	☺	😐	☹
6. Haben Sie Verantwortung in hohem Umfang delegiert?	☺	😐	☹
7. Sind flexible Arbeitszeiten für Sie eine Selbstverständlichkeit in Ihrem Betrieb?	☺	😐	☹
8. Haben Sie flexible Entgeltsysteme eingeführt?	☺	😐	☹
9. Begreifen sich alle Mitarbeiter als eine lernende Organisation in Bezug auf Motivation und Befindlichkeit?	☺	😐	☹
10. Führen Sie regelmäßige Mitarbeiter-Befragungen durch, um sicherzustellen, dass Führung, Motivation und Betriebsklima gut sind?	☺	😐	☹

Voraussetzungen für unternehmerisch denkende und handelnde Mitarbeiter

Die klassische Rolle der Mitarbeiter hat ausgedient. Jeder Mitarbeiter wird zum Mitunternehmer und muss sich fragen: „Wie würde ich selbst handeln, wenn es mein Unternehmen wäre?"

Unternehmerisch denkende und handelnde Mitarbeiter

- kennen die Marktsituation,
- gehen kompetent mit Marktgegebenheiten um,
- machen die Ziele der Organisation zu den ihren,
- sind neuen Produkten und Dienstleistungen gegenüber aufgeschlossen,
- identifizieren sich mit neuen Konzepten,
- stehen der EDV und neuen Medien positiv gegenüber,
- unterstützen ihren Arbeitgeber loyal und sichern damit auch ihren Arbeitsplatz,
- geben dem Erreichen der Unternehmensziele einen hohen Stellenwert,
- kennen die Bedürfnisse und Probleme ihrer Kunden,
- können sich in ihre Kunden hineinversetzen,
- fangen bei notwendigen Verhaltensänderungen erst bei sich selbst an,
- haben eine positive und optimistische Grundeinstellung.

Fragen, die sich Unternehmens-Mitglieder stellen sollten:

- Welche Herausforderungen sehe ich für die Zukunft unserer Firma?
- Wie werden diese Herausforderungen meine Abteilung und meinen Arbeitsplatz beeinflussen?
- Welche Möglichkeiten habe ich persönlich, um Qualität und Service meiner Firma zu verbessern?
- Wie kann ich diese Möglichkeiten verstärkt einsetzen und noch weiter ausbauen?

Führungsstil und Führungsverhalten

Führungsstil ist die Art und Weise, wie Vorgesetzte mit ihren Mitarbeitern umgehen. Der richtige Führungsstil hängt von einer Reihe von Faktoren ab. Die Frage nach dem richtigen Führungsstil lässt sich ganz allgemein betrachtet nicht beantworten.

Wesentlichen Einfluss können u. a.

- die Führungskraft,
- die Situation,
- die Aufgabenstellung und
- der Mitarbeiter

haben.

Eine kurze Charakterisierung soll die Einflussfaktoren verdeutlichen:

- Die Führungskraft:
  Sie ist z. B. bereit, kooperativ zu führen, oder sie ist nur mit Einschränkungen dazu bereit.
- Die Situation:
  Der Führungsstil muss beispielsweise in einer Ausnahmesituation anders sein als in einer normalen Situation.
- Die Aufgabe:
  Sich ständig wiederholende Aufgaben können im Gegensatz zu kreativen Aufgaben einen anderen Führungsstil bedingen.
- Der Mitarbeiter:
  Es dürfte in der Person des Mitarbeiters begründet liegen, ob er eher autoritär oder kooperativ geführt werden möchte bzw. geführt werden muss.

Neben diesen Einflussfaktoren gibt es weitere wie die Ziele einer Organisation, den vorhandenen Organisations- und Automationsgrad und insbesondere die Wertvorstellungen der Führungskräfte, der Mitarbeiter und der Gesellschaft sowie den Handlungsstil des Einzelnen.

Aus der Vielzahl an Einflussfaktoren wird deutlich, dass der Führungsstil mehrdimensional ist und für jede Führungskraft mit anderen Inhalten und Vorstellungen belegt sein kann.

Die Führungsstile reichen vom autoritären Führungsverhalten über den patriarchalischen, informierenden, beratenden, kooperativen und partizipativen Führungsstil bis hin zum demokratischen Führungsverhalten. Das eine Extrem ist die 100-prozentige Willensbildung beim Vorgesetzten, das andere Extrem ist die 100-prozentige Willensbildung beim Mitarbeiter.

Diese beiden entgegengesetzten Ausprägungen des Führungsverhaltens werden häufig in einer bipolaren Spannungsreihe zwischen der Willensbildung beim Vorgesetzen und der Willensbildung beim Mitarbeiter bzw. bei der Gruppe dargestellt.

Ein guter Handlungs- bzw. Führungsstil setzt nicht nur das Wissen um die wichtigsten Einflussgrößen für optimales Verhalten voraus, sondern basiert letztendlich auf einem optimalen Persönlichkeitsprofil.

Motivieren von Mitarbeitern

Arbeitszufriedenheit und Mitarbeitermotivation haben einen entscheidenden Einfluss auf den Erfolg eines Unternehmens. Mitarbeitermotivation im üblichen Sinne führt heute jedoch – bedingt durch den gesellschaftlichen Wertewandel – vielfach in eine Sackgasse. Warum aber ist der uns so vertraute Weg der Mitarbeitermotivation ein Holzweg? Weil die Motivation der Mitarbeiter häufig eher als „Mitarbeiter-Manipulation" bezeichnet werden muss, was sich natürlich äußerst kontraproduktiv auswirkt und eben nicht den angestrebten leistungssteigernden Effekt aufweisen kann.

Aber was versteht man dann unter Mitarbeitermotivation?

Motivation ist eine Methode, „die zu einem Zeitpunkt gemacht worden ist, wo eigentlich der Sinn der Arbeit in unseren großen Industrieorganisationen weitgehend verloren ging". Es gilt, „Sinnbezüge zum Gesamtprodukt, zum Unternehmen, zur Umwelt und seinem eigenen Leben herzustellen". (Sievers)

Im Vordergrund des Führens steht der „sich selbst bewusste und verantwortliche Mensch mit seiner Suche nach Sinn". (Frankl)

„Was der Mensch ist, das ist er durch die Sache, die er zur seinen macht." (Jaspers)

Bei erfolglosen Unternehmen stimmen häufig die persönlichen Ziele der Mitarbeiter nicht mit den Zielen der Firma überein. Die Folge davon ist, dass Mitarbeiter

- nicht motiviert sind,
- kein besonderes Engagement zeigen,
- ihre Arbeit als reine Einnahmequelle betrachten und
- ihre persönlichen Ziele in ihrem Arbeitsumfeld nicht verwirklichen können.

Die Leistungsbereitschaft eines Mitarbeiters hängt weniger vom Ausprägungsgrad seiner Fähigkeiten bzw. Fertigkeiten ab als von seiner Leistungsmotivation. Deshalb muss ein anspornendes äußeres System durch Schaffung bestimmter Voraussetzungen und Rahmenbedingungen erstellt werden, das die Bedürfnisse einer Arbeitskraft berücksichtigt. Die Arbeitsbedingungen und die Führungsbeziehungen sind so zu gestalten, dass sowohl die Ziele der Organisation als auch jene der Mitarbeiter verwirklicht werden. Das bedeutet, dass ein Individuum sich anerkannt fühlen muss, um dadurch bereit zu sein, sich für das Unternehmen einzusetzen, indem es optimale Leistung bringt.

Während früher Verdienst und Status einer Arbeitskraft einen hohen Stellenwert hatten, haben seit ungefähr einer Dekade die Möglichkeit zur Selbstentwicklung und die Arbeitsqualität erste Priorität.

Klassische Anreiz-Systeme basierend auf: Geld und Status	Neuzeitliche Anreiz-Systeme basierend auf: Selbstentwicklungsmöglichkeiten
• Gehaltserhöhungen • Prämien-Systeme • Incentives • Auszeichnungen/Belobigungen • Firmeninterne Zuschüsse • Rahmenbedingungen → Motivation durch <u>Fremdbestimmung</u>	• Handlungsspielraum • Arbeitsqualität • Einbringen des Potentials • Eigenverantwortlichkeit • Arbeitsfreude • flexible Arbeitszeit → Motivation durch <u>Selbstbestimmung</u>

Ein Mitarbeiter sieht heute die Selbstständigkeit und die Eigenverantwortlichkeit im Arbeitsumfeld als wichtigste Motivationsfaktoren an. Er möchte den persönlichen Arbeitsbereich weitgehend nach den eigenen Vorstellungen organisieren und gestalten.

Menschen suchen daneben auch nach einem erkennbaren Sinn in ihrer Arbeit und wollen nicht nur „Einrichtungsgegenstände" eines ihnen sonst fremden Unternehmens sein. Dies bedeutet insbesondere, dass man aus den Betroffenen in einer Organisation Beteiligte macht.

Zwölf Regeln zur Selbstmotivation von Mitarbeitern

1. Demotivierende Faktoren erkennen, analysieren und beseitigen.
2. Vereinbarungen bezüglich der Arbeitsleistungen treffen – fordern statt verführen.
3. Bedingungen für individuelle Sinnfindung durch das Bereitstellen von sinnvollen Aufgaben schaffen.
4. Rahmenbedingungen für das Nutzen des Mitarbeiter-Potentials schaffen.
5. Herausfordern – nicht überfordern, nicht unterfordern.
6. Die Ziele der Organisation müssen mit den Zielen der Mitarbeiter verknüpft werden.
7. Personal-Entwicklung als Erfolgsfaktor ansehen – fördern statt verwöhnen.
8. Bei der Mitarbeiter-Auswahl neue Wege gehen.
9. Abteilungs- und Kästchendenken verhindern.
10. Verbesserungsvorschläge als ein wichtiges Instrument zur Identifikation der Mitarbeiter ansehen.
11. Flexible Arbeitszeit- und Entgeltmodelle anbieten.
12. Unternehmerisches Denken und Handeln fördern.

4.2 Die Personalentwicklungs-Bilanz: Ziele und Methodik

Die Personalentwicklung (PE) ist ein weiterer wichtiger Erfolgsfaktor für Unternehmen. Auch zur Bewertung der PE wurden das Prinzip und die Struktur der Innovations-Bilanz auf die PE übertragen.

Die Personalentwicklungs-Bilanz (PE-Bilanz) ist ein Instrument, das den Status Ihrer PE und das Potential der PE-Maßnahmen Ihres Unternehmens misst. Mit der PE-Bilanz ist eine Einschätzung der Fitness eines Unternehmens ebenso möglich wie die Bewertung der Auswirkungen der PE-Maßnahmen auf die zukünftige Bilanz- und Ertragslage.

Die Bewertung Ihrer Personalentwicklung können Sie anhand eines leicht verständlichen Fragebogens durchführen. Der Fragebogen beinhaltet insgesamt 48 Fragen. Einige der Fragen sind in ähnlicher Form aus der Innovations-Bilanz bekannt und tragen nun im Kontext der Personalentwicklung zur Analyse bei.

Nach der Beantwortung der Fragen erhalten Sie eine Anleitung, wie Sie Ihre Selbsteinschätzung schnell und strukturiert auswerten können. Schließlich erstellen Sie auf dieser Basis das Kurzgutachten Ihrer PE-Bilanz und erhalten somit eine übersichtlich aufbereitete Bewertung Ihrer Personalentwicklung.

4.3 Analyse

Die in Kapitel 1 bereits einführend beschriebenen drei Bausteine der Analyse Ihrer Personalentwicklung (PE) sind

1. Wie gut sind die Voraussetzungen für die PE?
2. Wie ist der Status bei der Generierung von Wettbewerbsvorteilen in den 4 P's?
3. Wie ist die individuelle Einschätzung des potentiellen Einflusses der PE auf den Umsatz und den Rohertrag?

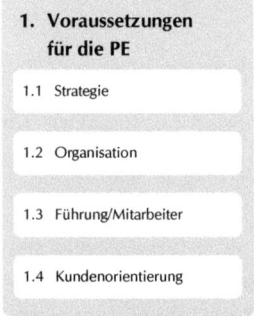

4.3.1 Baustein 1: Voraussetzungen für die PE

Im ersten Baustein der PE-Bilanz bewerten Sie, inwieweit Ihr Unternehmen die Voraussetzungen für die PE erfüllt und welche künftigen Entwicklungen geplant sind. Durch den Vergleich der Voraussetzungen heute (H) und dem geplanten Zielwert „morgen" (M), d. h. in zwei Jahren, können einerseits die Zielvorstellungen Ihres Unternehmens ermittelt werden, andererseits wird deutlich, wie lang der Weg zu diesen Zielen noch ist.

Jeder der vier Teilbereiche Strategie, Organisation, Führung/Mitarbeiter und Kundenorientierung besteht aus fünf einfachen Fragen.

Beantworten Sie bitte jede Frage hinsichtlich der aktuellen Ausprägung („heute") und hinsichtlich der geplanten bzw. gewünschten Ausprägung in zwei Jahren („morgen").

Um Ihnen die Selbsteinschätzung zu erleichtern, sind jeweils fünf Antwortmöglichkeiten vorgegeben. Die Bewertungsskala ist ansteigend von 1 bis 5 und unterscheidet zwischen fünf Phasen.

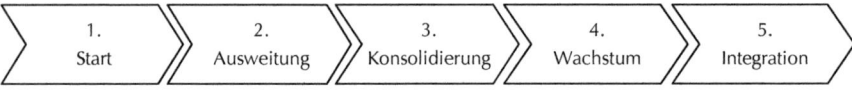

Zögern Sie nicht, wenn Sie zwischen zwei Antworten schwanken. Aufgrund der Vielzahl an Fragen ist eine hundertprozentig richtige und belegbare Antwort auf jede Frage nicht notwendig. Ihre grobe Einschätzung der Unternehmenslage bietet bereits eine ausreichende Ausgangsbasis für eine detaillierte Analyse.

Personal-Entwicklung

Bitte nutzen Sie die grau hinterlegten Felder für Ihre Antworten (siehe nachfolgendes Beispiel).

Beispiel

	Frage	Bewertungsskala					Wert	
		1	2	3	4	5	H	M
3.	Gibt es in Ihrem Unternehmen Grundsätze zur PE?	Nein	Generelle Vorstellungen in einzelnen Köpfen	Formale Beschreibung liegt vor	Verstärktes Bemühen der praktischen Umsetzung	Ganzheitliche Anwendung	3	5

1. Strategie als Voraussetzung für die PE

	Frage	Bewertungsskala					Wert	
		1	2	3	4	5	H	M
1.	Welche Strategie verfolgt Ihr Unternehmen?	Keine Strategie	Kurzfristige Ausrichtung	Mittelfristige Strategie-Ansätze mit kreativen Beiträgen	Längerfristige Strategie	Wir bestimmen den Markt durch PE		
2.	Verfügt Ihr Unternehmen über eine Personalentwicklungs-Strategie?	Nein – wir glauben, das ist nicht notwendig	Die Mitarbeitergruppen und deren Erwartungen sind bekannt	Ansätze für eine PE-Strategie sind vorhanden	Wir verfügen über eine erfolgreiche PE-Strategie	Wir begeistern Kunden und Mitarbeiter durch PE		
3.	Gibt es in Ihrem Unternehmen Grundsätze zur PE?	Nein	Generelle Vorstellungen in einzelnen Köpfen	Formale Beschreibung liegt vor	Verstärktes Bemühen der praktischen Umsetzung	Ganzheitliche Anwendung		
4.	Auf welchen PE-Feldern ist Ihr Unternehmen tätig?	Produkt-/Dienstleistungs-PE	Problemlösungs-PE	Prozess-PE	Partnerschafts-PE	Philosophie-PE		
5.	Inwieweit wird die PE-Strategie in Ihrem Unternehmen gelebt?	Chef/Führungskreis meint, es richtig zu machen	Fixierung erster strategischer Aussagen im Führungskreis	Bemühung um formale Umsetzung mit den Mitarbeitern	Permanenter Transfer in die Praxis – alle sind eingebunden	Strategie wird voll gelebt und PE wird gefördert		

2. Organisation als Voraussetzung für die PE

Frage	Bewertungsskala					Wert	
	1	2	3	4	5	H	M
1. Wodurch zeichnet sich die Strukturierung Ihres Unternehmens aus (Aufbauorganisation)?	Schwerfällig	Kästchen-Denken	Zweckmäßiger funktionsorientierter Aufbau	Zunahme der Prozess-Organisation	Bestmögliche Anpassung mit Vorteilen nach innen und außen		
2. Wodurch zeichnen sich die Arbeitsprozesse in Ihrem Unternehmen aus (Ablauforganisation)?	Zahlreiche Schwachstellen	Erkennen und Beseitigen der Schwachstellen	Kontinuierlicher Verbesserungsprozess mit vielen Beteiligten	Orientierung an Benchmarks – Mitarbeiter verbessern permanent	Optimierung der internen und externen Prozesse		
3. Inwiefern werden Mitarbeiter in PE-Fragen einbezogen?	Sehr begrenzt	Unterrichtung der Mitarbeiter	Stärkere Mitwirkung	Mitarbeiter übernehmen Verantwortung	Mitarbeiter sind weiterbildungsbewusst und streben Wettbewerbsvorteile an		
4. Wie erfolgen die Auswahl der Mitarbeiter und deren Weiterbildung?	Übliche Einstellungsprozedur und Programme	Differenzierte Prüfungen und Programme	Mitwirkung von Experten	Effizientes Auswahl- und Weiterbildungssystem	Wir sind führend im PE-Bereich		
5. Wie werden in Ihrem Unternehmen PE-Ziele und -Methoden gewonnen?	Ohne Systematik	Bemühen um gute Programme	Originäre Ansätze mit Vorbildfunktion	PE-Ziele sind für alle Aufgaben vorhanden	Aktives Leben von PE und Generierung von Wettbewerbsvorteilen		

3. Führung/Mitarbeiter als Voraussetzung für die PE

	Frage	Bewertungsskala					Wert	
		1	2	3	4	5	H	M
1.	Welche Rolle spielen Führungskräfte in Ihrem Unternehmen?	Fachliche Orientierung	Einbringen sozialer Kompetenz	Ausgeprägte methodische Kompetenz	Gelebtes Unternehmertum	Starkes PE-bewusstes Denken und Handeln		
2.	Welche Rolle spielen Mitarbeiter in Ihrem Unternehmen?	Alle Mitarbeiter sind Mitläufer	Viele Mitarbeiter sind motiviert	Die Mehrheit der Mitarbeiter ist motiviert	Alle Mitarbeiter sind hoch motiviert	Alle Mitarbeiter sind Mitunternehmer		
3.	Welcher Führungsstil herrscht in Ihrem Unternehmen?	Autoritäres patriarchalisches Führen	Geringe Einbindung der Mitarbeiter	Starke Einbindung der Mitarbeiter	Führen durch Eigenverantwortung	Freiräume werden im Sinne der Ziele genutzt		
4.	Wie ist das Betriebs-Klima Ihres Unternehmens?	Unpersönlich	Vorgesetzten-Mitarbeiter-Verhältnis bestimmt das Betriebsklima	Teamgeist herrscht vor	Starkes Zusammengehörigkeitsgefühl	Das Klima generiert entscheidende PE-Vorteile		
5.	Identifizieren sich die Mitarbeiter und Führungskräfte mit dem Unternehmen?	Kaum	Identifikation der Top-Mitarbeiter gegeben	Identifikation bei vielen Mitarbeitern gegeben	Hohe Identifikation der meisten Beteiligten	Vorbildliche Identifikation aller		

4. Kundenorientierung als Voraussetzung für die PE

Frage	Bewertungsskala					Wert	
	1	2	3	4	5	H	M
1. Wie werden in Ihrem Unternehmen Kundenwünsche aus PE-Sicht bearbeitet?	Es werden austauschbare Produkte und Dienstleistungen angeboten	Es gibt spezifische Problemlösungen für die einzelnen Zielgruppen	Der Prozess des Kunden wird untersucht, um seinen Nutzen mit PE zu maximieren.	PE sorgt für Partnerschaften zu beiderseitigem Nutzen	Übereinstimmende Philosophien der beiden Partner bilden die Grundlage		
2. Inwiefern wird der Kunde durch PE an Ihr Haus gebunden?	Standardisierte Bearbeitung	Individuelle Ausrichtung und Betreuung	Realisieren einer spezifischen PE-Beratungsstrategie	Verdeutlichung des Mehrwerts/ Nutzens der Kunden	PE schafft höchsten Grad an Kundenorientierung		
3. Wie erfährt der Kunde seine durch PE unterstützte Betreuung?	Kunde = Geschäftsvorfall	Gute Kundenbetreuung	Vorausdenken für die Kunden	Ganzheitliche Betreuung der Kunden	Herausragende Kundenbetreuung		
4. Wie wird durch PE die Leistungsbereitschaft aller beeinflusst?	Standardisierte Abwicklung	Abwicklung nach A-, B- und C-Regeln	Ehrliche Leistungsbereitschaft	Priorisierung Firmeninteresse vor Privatinteresse	Hohe Eigeninitiative fördert Leistungsbereitschaft		
5. Für welche Art von Bindung der Kunden sorgt die PE?	Keine Bindung	Niedrige Austrittsbarrieren, Kunde kann Sie sehr leicht ersetzen	Mittlere Austrittsbarrieren, Kunde kann Sie durchaus ersetzen	Hohe Austrittsbarrieren, Kunde kann Sie nur schwer ersetzen	Bestmögliche langfristige Bindung		

4.3.2 Baustein 2: Stärke der PE

Mit der Bewertung der Bereiche Strategie, Organisation, Führung/Mitarbeiter und Kundenorientierung haben Sie die Voraussetzungen Ihres Unternehmens für die PE im ersten Baustein der PE-Bilanz bewertet. Im zweiten Baustein wird die Frage beantwortet, wie der Status bei der Generierung von Wettbewerbsvorteilen in den 4 P's heute ist, das heißt, wie gut Sie heute im Bereich Personalentwicklung aufgestellt sind.

Die in Kapitel 2 definierten 4 P's werden übertragen auf den Bereich PE. Zu den vier Feldern Produkt-/Dienstleistungs-, Problemlösungs-, Prozess- und Partnerschafts-Qualität werden Ihnen jeweils fünf Fragen gestellt. Beantworten Sie bitte jede Frage hinsichtlich der aktuellen Ausprägung (heute). Die fünf vorgegebenen Antwortmöglichkeiten erleichtern hierbei Ihre Selbsteinschätzung. Die Bewertungsskala ist wie bei Baustein 1 ansteigend von 1 bis 5.

Bitte nutzen Sie die grau hinterlegten Felder für Ihre Antworten (siehe nachfolgendes Beispiel).

Beispiel

	Frage	Bewertungsskala					Wert
		1	2	3	4	5	H
1.	Bemühen Sie sich, neueste Methoden in der PE anzuwenden?	Nein	Sehr begrenzt	Teilweise	Überwiegend	Ja	3

1. Produkt-/Dienstleistungs-PE

	Frage	Bewertungsskala					Wert
		1	2	3	4	5	heute
1.	Sind Sie in der Schulung von Produkt-/Dienstleistungs-PE-Maßnahmen führend?	Nein	Sehr begrenzt	Teilweise	Überwiegend	Ja	
2.	Analysieren Sie die Branchenentwicklung regelmäßig auf PE-Maßnahmen?	Nein	Sehr begrenzt	Teilweise	Überwiegend	Ja	
3.	Bemühen Sie sich, neueste Methoden in der PE anzuwenden?	Nein	Sehr begrenzt	Teilweise	Überwiegend	Ja	
4.	Finden Produkt-/DL-Schulungen bei Ihnen verstärkt unter Einbeziehung der neuesten Erkenntnisse statt?	Nein	Sehr begrenzt	Teilweise	Überwiegend	Ja	
5.	Ist die fachliche und soziale Kompetenz bei Ihren Mitarbeitern hoch genug?	Nein	Sehr begrenzt	Teilweise	Überwiegend	Ja	

2. Problemlösungs-PE

	Frage	Bewertungsskala					Wert heute
		1	2	3	4	5	
1.	Bemühen Sie sich, durch adäquate PE-Maßnahmen für einzelne Zielgruppen Ihrer Kunden ganzheitliche Lösungen zu finden?	Nein	Sehr begrenzt	Teilweise	Überwiegend	Ja	
2.	Sind Ihre PE-Programme geeignet, für einzelne Zielgruppen systematisch Verbesserungen zu erreichen?	Nein	Sehr begrenzt	Teilweise	Überwiegend	Ja	
3.	Spüren Ihre Zielgruppen, dass Sie verglichen mit den Wettbewerbern mehr für die Auswahl und Weiterbildung von Mitarbeitern tun?	Nein	Sehr begrenzt	Teilweise	Überwiegend	Ja	
4.	Wachsen Sie mit den richtigen Zielgruppen und binden Sie diese durch PE-Maßnahmen an Ihr Unternehmen?	Nein	Sehr begrenzt	Teilweise	Überwiegend	Ja	
5.	Ist der Anteil von Problemlösungen für Zielgruppen am Gesamtumsatz zufriedenstellend?	Nein	Sehr begrenzt	Teilweise	Überwiegend	Ja	

3. Prozess-PE

	Frage	Bewertungsskala					Wert
		1	2	3	4	5	heute
1.	Trägt die PE dazu bei, dass Sie die besten Informationen über Ihre Kunden und deren Produktnutzung erfassen und nutzen?	Nein	Sehr begrenzt	Teilweise	Überwiegend	Ja	
2.	Schult die PE Sie im Optimieren der Prozesse mit Ihren Kunden, ist die PE der aktive Gestalter (z. B. bei Bestell-/Ausführungs-Vorgängen)?	Nein	Sehr begrenzt	Teilweise	Überwiegend	Ja	
3.	Sorgt die PE dafür, dass die Optimierung der Prozesse immer im Sinne eines Gewinner-Gewinner-Ansatzes stattfindet?	Nein	Sehr begrenzt	Teilweise	Überwiegend	Ja	
4.	Bemühen Sie sich permanent um neue Prozess-Verbesserungen (z. B. Vorausdenken für den Kunden)?	Nein	Sehr begrenzt	Teilweise	Überwiegend	Ja	
5.	Ist der Anteil von Prozess-Optimierungen am Gesamtumsatz relativ hoch und ständig wachsend?	Nein	Sehr begrenzt	Teilweise	Überwiegend	Ja	

4. Partnerschafts-PE

	Frage	Bewertungsskala					Wert heute
		1	2	3	4	5	
1.	Enthalten die PE-Maßnahmen auch Treffen mit Partnern (z. B. Kunden, Lieferanten etc.), und bemüht man sich um Verbesserungen?	Nein	Sehr begrenzt	Teilweise	Überwiegend	Ja	
2.	Spüren alle Partner, dass die PE dazu beiträgt, aktive Gestalter aus den Mitarbeitern zu machen?	Nein	Sehr begrenzt	Teilweise	Überwiegend	Ja	
3.	Optimieren Sie die Zusammenarbeit mit Ihren Partnern, insbesondere auf dem Gebiet der Aus- und Weiterbildung?	Nein	Sehr begrenzt	Teilweise	Überwiegend	Ja	
4.	Sind Sie mit dem Anteil an PE-Partnerschafts-Maßnahmen überdurchschnittlich in der Branche?	Nein	Sehr begrenzt	Teilweise	Überwiegend	Ja	
5.	Ist der Anteil von Partnerschafts-Maßnahmen am Gesamtumsatz zufriedenstellend?	Nein	Sehr begrenzt	Teilweise	Überwiegend	Ja	

4.3.3 Baustein 3: Potentiale der PE

Sie haben in den ersten beiden Bausteinen der PE-Bilanz die Voraussetzungen für die PE sowie den Status bei der Generierung von Wettbewerbsvorteilen in den 4 P's bewertet.

Im dritten Bereich der PE-Bilanz wird schließlich das wirtschaftliche Potential der PE untersucht, um eine Bewertung des Einflusses der PE-Maßnahmen auf Ihren zukünftigen Umsatz und den Rohertrag zu ermöglichen.

Auch wenn die quantitative Einschätzung der Auswirkungen von PE-Maßnahmen eine Herausforderung sein kann, bietet sie einen enormen Mehrwert für das Unternehmen und andere Beteiligte. Mit den angegebenen Werten kann der potentielle Umsatz und Rohertrag der kommenden Jahre errechnet werden. Das Ziel der Einschätzungen ist nicht eine vollständige Korrektheit der Angaben, sondern eine grobe Erstbewertung, über die gegebenenfalls diskutiert werden kann.

Zu den vier PE-Feldern Produkt-/Dienstleistungs-, Problemlösungs-, Prozess- und Partnerschafts-PE werden Ihnen je zwei Fragen gestellt. Beantworten Sie bitte jede Frage hinsichtlich der geplanten Ausprägung im aktuellen Jahr, im nächsten Jahr und im übernächsten Jahr.

Geben Sie bei jeder Frage an, wie hoch Ihrer Meinung nach die prozentuale Erhöhung im jeweiligen Bereich in den einzelnen Jahren sein wird. Außerdem bitten wir Sie, anzugeben, wie wahrscheinlich diese Erhöhung ist. Wählen Sie hierzu eine der folgenden Wahrscheinlichkeiten:

- sehr hoch
- hoch
- mittel
- gering
- sehr gering

Bitte nutzen Sie die grau hinterlegten Felder für Ihre Antworten (siehe nachfolgendes Beispiel).

Beispiel

	Frage	Jahr: t		Jahr: t+1		Jahr: t+2	
		Erhöhung (%)	Wahrscheinlichkeit	Erhöhung (%)	Wahrscheinlichkeit	Erhöhung (%)	Wahrscheinlichkeit
1.	Welche zusätzliche Erhöhung des **Umsatzes** in % ermöglichen Produkt-/Dienstleistungs-PE-Maßnahmen und wie wahrscheinlich ist diese Erhöhung?	10	sehr hoch	7	sehr hoch	6	hoch

1. Potential der Produkt-/Dienstleistungs-PE-Maßnahmen

	Frage	Jahr: t		Jahr: t+1		Jahr: t+2	
		Erhöhung (%)	Wahrscheinlichkeit	Erhöhung (%)	Wahrscheinlichkeit	Erhöhung (%)	Wahrscheinlichkeit
1.	Welche zusätzliche Erhöhung des **Umsatzes** in % ermöglichen Produkt-/Dienstleistungs-PE-Maßnahmen und wie wahrscheinlich ist diese Erhöhung?						
2.	Welche zusätzliche Erhöhung des **Rohertrags** in % ist durch Produkt-/Dienstleistungs-PE-Maßnahmen möglich?						

2. Potential der Problemlösungs-PE-Maßnahmen

	Frage	Jahr: t		Jahr: t+1		Jahr: t+2	
		Erhöhung (%)	Wahrscheinlichkeit	Erhöhung (%)	Wahrscheinlichkeit	Erhöhung (%)	Wahrscheinlichkeit
1.	Welche zusätzliche Erhöhung des **Umsatzes** in % ist durch Problemlösungs-PE-Maßnahmen möglich und wie wahrscheinlich ist diese Erhöhung?						
2.	Welche zusätzliche Erhöhung des **Rohertrags** in % ist durch Problemlösungs-PE-Maßnahmen möglich?						

3. Potential der Prozess-PE-Maßnahmen

Frage	Jahr: t		Jahr: t+1		Jahr: t+2	
	Erhöhung (%)	Wahrscheinlichkeit	Erhöhung (%)	Wahrscheinlichkeit	Erhöhung (%)	Wahrscheinlichkeit
1. Welche zusätzliche Erhöhung des **Umsatzes** in % ist durch Prozess-PE-Maßnahmen möglich und wie wahrscheinlich ist diese Erhöhung?						
2. Welche zusätzliche Erhöhung des **Rohertrags** in % ist durch Prozess-PE-Maßnahmen möglich?						

4. Potential der Partnerschafts-PE-Maßnahmen

Frage	Jahr: t		Jahr: t+1		Jahr: t+2	
	Erhöhung (%)	Wahrscheinlichkeit	Erhöhung (%)	Wahrscheinlichkeit	Erhöhung (%)	Wahrscheinlichkeit
1. Welche zusätzliche Erhöhung des **Umsatzes** in % ist durch Partnerschafts-PE-Maßnahmen möglich und wie wahrscheinlich ist diese Erhöhung?						
2. Welche zusätzliche Erhöhung des **Rohertrags** in % ist durch Partnerschafts-PE-Maßnahmen möglich?						

Geben Sie nun bitte noch den Umsatz und den Rohertrag (Umsatz minus Waren-/Materialeinsatz) Ihres Unternehmens im vergangenen Jahr in Euro an.

Umsatz Vorjahr in €	
Rohertrag Vorjahr in €	

4.4 Auswertungen

Sie haben den Fragebogen zur PE-Bilanz ausgefüllt. Nun können Sie Ihre Antworten mit Hilfe der folgenden Methoden auswerten. Erstellen Sie zunächst Ihre PE-Bilanz, eine Übersicht über die ersten beiden Bausteine. Danach werten Sie die drei Bausteine der PE-Bilanz im Detail aus. Schließlich können Sie ein einfach verständliches Frühwarnsystem aufstellen.

4.4.1 Die PE-Bilanz

Einen ersten Überblick über die ersten beiden Bausteine Voraussetzungen für die PE und Stärke der PE erhalten Sie durch Ihre PE-Bilanz. Um diese Bilanz aufzustellen, addieren Sie bitte zum einen Ihre Antworten auf die 20 Fragen von Baustein 1 (Voraussetzungen für die PE, Stand heute), zum anderen Ihre Antworten auf die 20 Fragen von Baustein 2 (Stärke der PE).

Das maximal erreichbare Ergebnis ist 100, minimal sind 20 Punkte erreichbar.

Tragen Sie Ihr Ergebnis bitte in die vorgesehenen Felder ein:

Summe Punktzahl Baustein 1	
Voraussetzungen für die PE, Stand heute	

Summe Punktzahl Baustein 2	
Stärke der PE	

Übertragen Sie den Punktwert nun bitte in folgende Grafik, um Ihre PE-Bilanz zu erhalten.

Graphische Darstellung der PE-Bilanz

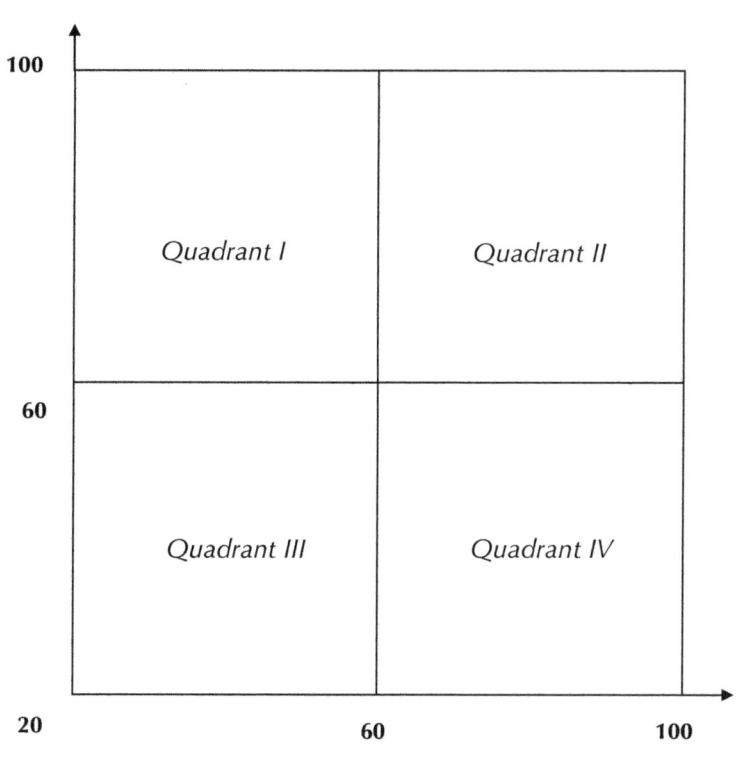

Analyse Ihres Ergebnisses

Quadrant I:

Voraussetzungen für die PE sind zu verbessern, Stärke der PE ist hoch
(Punktzahl Voraussetzungen für die PE < 60, Stärke der PE > 60).

Die Voraussetzungen für die PE in Ihrem Unternehmen sind nicht zufriedenstellend erfüllt. Die Bereiche Strategie, Organisation, Führung/Mitarbeiter und Kundenorientierung bieten insgesamt keine PE-fördernde Basis.

Trotz dieser Ausgangslage ist der PE-Status Ihres Unternehmens aktuell gut. Von den vier existierenden PE-Feldern Produkt-/Dienstleistungs-, Problemlösungs-, Prozess- und Partnerschafts-PE ist ein überwiegender Teil vorhanden. Durch eine Erfüllung der Voraussetzungen für PE können Sie in Zukunft ein PE-freundlicheres Klima schaffen und Ihren PE-Status möglicherweise noch weiter steigern.

Quadrant II:

Voraussetzungen für die PE sind erfüllt, Stärke der PE ist hoch (Punktzahl Voraussetzungen für die PE > 60, Stärke der PE > 60).

Die Voraussetzungen für die PE in Ihrem Unternehmen sind zufriedenstellend erfüllt. Die Bereiche Strategie, Organisation, Führung/Mitarbeiter und Kundenorientierung bieten insgesamt eine PE-fördernde Basis. Auch aufgrund dieser positiven Ausgangslage ist der PE-Status des Unternehmens aktuell gut. Von den vier PE-Feldern Produkt-/Dienstleistungs-, Problemlösungs-, Prozess- und Partnerschafts-PE ist der überwiegende Teil zumindest teilweise vorhanden. Ihr Unternehmen hat es geschafft, durch ein PE-freundliches Klima einen guten PE-Status zu erreichen. Lassen Sie nicht nach, sondern nutzen Sie Ihr positives Klima weiterhin aktiv zur Generierung von Wettbewerbsvorteilen.

Quadrant III:

Voraussetzungen für die PE sind zu verbessern, Stärke der PE ist zu erhöhen (Punktzahl Voraussetzungen für die PE < 60, Stärke der PE < 60).

Die Voraussetzungen für die PE in Ihrem Unternehmen sind nicht zufriedenstellend erfüllt. Die Bereiche Strategie, Organisation, Führung/Mitarbeiter und Kundenorientierung bieten insgesamt keine PE-fördernde Basis. Auch aufgrund dieser unvorteilhaften Ausgangslage ist der PE-Status des Unternehmens aktuell gering. Von den vier PE-Feldern Produkt-/Dienstleistungs-, Problemlösungs-, Prozess- und Partnerschafts-PE ist der überwiegende Teil nicht oder nur in Ansätzen vorhanden. Durch eine Erfüllung der Voraussetzungen für PE können Sie in Zukunft jedoch ein PE-freundlicheres Klima schaffen und somit auch Ihren PE-Status erhöhen.

Quadrant IV:

Voraussetzungen für die PE sind erfüllt, Stärke der PE ist zu erhöhen
(Punktzahl Voraussetzungen für die PE > 60, Stärke der PE < 60).

Die Voraussetzungen für die PE in Ihrem Unternehmen sind zufriedenstellend erfüllt. Die Bereiche Strategie, Organisation, Führung/Mitarbeiter und Kundenorientierung bieten insgesamt eine PE-fördernde Basis. Trotz dieser positiven Ausgangslage ist der PE-Status des Unternehmens aktuell eher schlecht. Von den vier PE-Feldern Produkt-/Dienstleistungs-, Problemlösungs-, Prozess- und Partnerschafts-PE ist der überwiegende Teil nicht oder nur in Ansätzen vorhanden. Da Sie bereits ein PE-freundliches Klima geschaffen haben, gilt es nun, die verschiedenen PE-Felder einzusetzen und aktiv umzusetzen, um Ihren PE-Status zu erhöhen.

4.4.2 Voraussetzungen für die PE

Summieren Sie Ihre Antworten für jeden der vier Bereiche von Baustein 1 und tragen Sie das Ergebnis bitte in untenstehende Tabelle ein. Das maximal erreichbare Ergebnis je Bereich und Zeitpunkt ist jeweils 25, minimal sind jeweils 5 Punkte erreichbar. Als Gesamtsumme können Sie zwischen 20 und 100 Punkte erreichen.

Berechnen Sie außerdem das sich ergebende Delta zwischen dem angestrebten Wert morgen und dem Wert heute.

Bereich	Heute (H)	Morgen (M)	Delta (M-H)
Strategie			
Organisation			
Führung/Mitarbeiter			
Kundenorientierung			
Gesamtsumme			

Sie erkennen im Phasenmodell auf einen Blick, ob die Voraussetzungen für die PE in Ihrem Unternehmen heute erfüllt sind und welche Entwicklung Sie für die Zukunft anstreben.

Übertragen Sie nun die oben berechneten Deltas in untenstehende Tabelle und priorisieren Sie die vier Felder mit Hilfe Ihres Wissens über die durch Ihr Unternehmen und die Mitwelt bestehende Handlungsdringlichkeit (A, B oder C).

Im Anschluss daran bitten wir Sie – auch mit Hilfe der weitergehenden Analysen aus Kapitel 6 – Maßnahmen definieren, um in den einzelnen Bereichen Ihres Unternehmens Verbesserungen zu erzielen.

Bereich	Delta (M-H)	Priorität (A/B/C)	Handlungs- maßnahmen
Strategie			
Organisation			
Führung/Mitarbeiter			
Kundenorientierung			

4.4.3 Stärke der PE

Summieren Sie Ihre Antworten für jeden der vier Bereiche von Baustein 2 und tragen Sie das Ergebnis bitte in untenstehende Tabelle ein. Das maximal erreichbare Ergebnis je Bereich ist jeweils 25, minimal sind jeweils 5 Punkte erreichbar. Als Gesamtsumme können Sie zwischen 20 und 100 Punkte erreichen.

Sie haben ein angemessenes Niveau erreicht, wenn Ihre Punktzahl in den 4 P's jeweils 15 Punkte übersteigt.

Bereich	Heute (H)
Produkt-/Dienstleistungs-PE	
Problemlösungs-PE	
Prozess-PE	
Partnerschafts-PE	
Gesamtsumme	

Priorisieren Sie nun die vier P's auf dieser Basis. Außerdem können Sie erneut Handlungsmaßnahmen definieren, um sich in den einzelnen Bereichen zu verbessern.

Bereich	Priorität (A/B/C)	Handlungsmaßnahmen
Produkt-/Dienstleistungs-PE		
Problemlösungs-PE		
Prozess-PE		
Partnerschafts-PE		

4.4.4 Potentiale der PE

Übertragen Sie Ihre Antworten für jeden der vier Bereiche von Baustein 3 bitte in untenstehende Tabelle. Beachten Sie vor dem Ausfüllen bitte das Beispiel aus Kapitel 2.4.4. Für die Wahrscheinlichkeiten setzen Sie bitte folgende Werte ein:

sehr gering	10%
gering	30%
mittel	50%
hoch	70%
sehr hoch	90%

Multiplizieren Sie bitte für jedes Jahr die prozentuale Erhöhung E mit der dazugehörigen Wahrscheinlichkeit W, um die tatsächlich erwartete Steigerung (E*W) zu erhalten.

Personal-Entwicklung

Produkt-/ Dienstleistungs- PE-Maßnahmen	Jahr t			Jahr t+1			Jahr t+2		
	Erhöhung E	Wahrscheinlichkeit W	Produkt E*W	Erhöhung E	Wahrscheinlichkeit W	Produkt E*W	Erhöhung E	Wahrscheinlichkeit W	Produkt E*W
1. Umsatz-Steigerung									
2. Rohertrags-Steigerung									

Problemlösungs- PE-Maßnahmen für Zielgruppen	Jahr t			Jahr t+1			Jahr t+2		
	Erhöhung E	Wahrscheinlichkeit W	Produkt E*W	Erhöhung E	Wahrscheinlichkeit W	Produkt E*W	Erhöhung E	Wahrscheinlichkeit W	Produkt E*W
1. Umsatz-Steigerung									
2. Rohertrags-Steigerung									

Prozess- PE-Maßnahmen	Jahr t			Jahr t+1			Jahr t+2		
	Erhöhung E	Wahrscheinlichkeit W	Produkt E*W	Erhöhung E	Wahrscheinlichkeit W	Produkt E*W	Erhöhung E	Wahrscheinlichkeit W	Produkt E*W
1. Umsatz-Steigerung									
2. Rohertrags-Steigerung									

Partnerschafts- PE-Maßnahmen	Jahr t			Jahr t+1			Jahr t+2		
	Erhöhung E	Wahrscheinlichkeit W	Produkt E*W	Erhöhung E	Wahrscheinlichkeit W	Produkt E*W	Erhöhung E	Wahrscheinlichkeit W	Produkt E*W
1. Umsatz-Steigerung									
2. Rohertrags-Steigerung									

Summieren Sie nun für jedes Jahr die Umsatz- bzw. Rohertragssteigerung der vier P's insgesamt gemäß obigem Beispiel, indem Sie die jeweiligen Steigerungen (Produkt E*W) addieren.

Diese Gesamtsteigerung sowie den von Ihnen angegebenen Umsatz und Rohertrag können Sie in untenstehende Tabelle übertragen. Indem Sie anschließend die Steigerungsraten mit dem von Ihnen angegebenen Umsatz bzw. Rohertrag multiplizieren, können Sie die geschätzten Werte für die nächsten drei Jahre berechnen.

Position	Jahr	Steigerung in %	Wert in €
Umsatz	Vorjahr	-	
Rohertrag	Vorjahr	-	
Umsatz	t		
Rohertrag	t		
Umsatz	t+1		
Rohertrag	t+1		
Umsatz	t+2		
Rohertrag	t+2		

4.4.5 Frühwarnsystem

Das im Folgenden vorgestellte Frühwarnsystem soll Ihnen auf einen Blick zeigen, in welchen Bereichen die Herausforderungen in Ihrem Unternehmen liegen. Dem Frühwarnsystem liegt die Ampel-Logik mit den Farben grün, gelb und rot zugrunde.

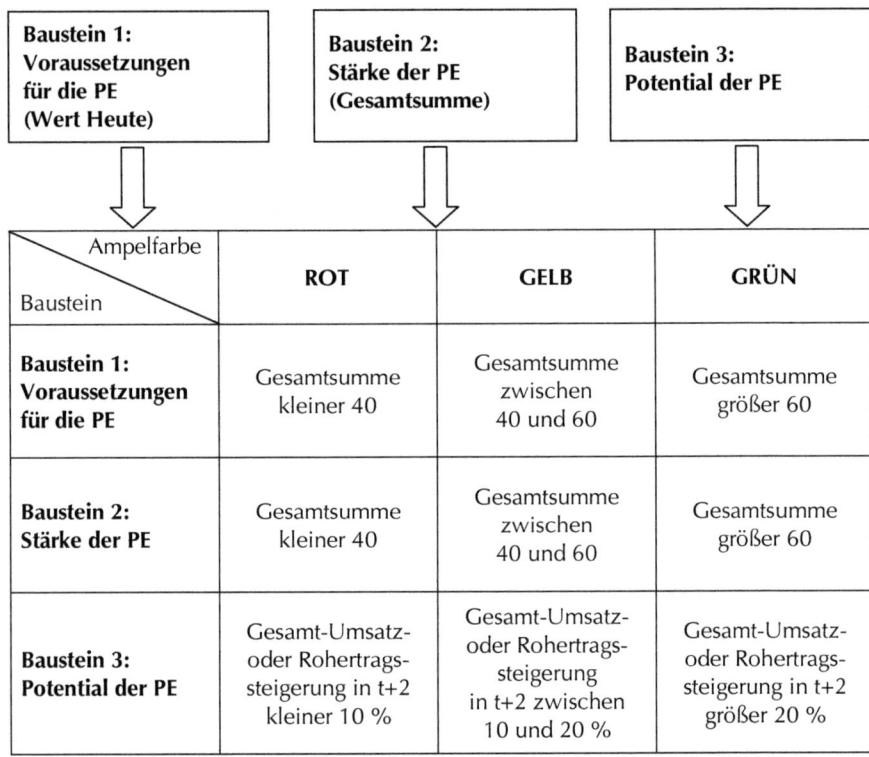

Baustein \ Ampelfarbe	ROT	GELB	GRÜN
Baustein 1: Voraussetzungen für die PE	Gesamtsumme kleiner 40	Gesamtsumme zwischen 40 und 60	Gesamtsumme größer 60
Baustein 2: Stärke der PE	Gesamtsumme kleiner 40	Gesamtsumme zwischen 40 und 60	Gesamtsumme größer 60
Baustein 3: Potential der PE	Gesamt-Umsatz- oder Rohertragssteigerung in t+2 kleiner 10 %	Gesamt-Umsatz- oder Rohertragssteigerung in t+2 zwischen 10 und 20 %	Gesamt-Umsatz- oder Rohertragssteigerung in t+2 größer 20 %

5. Zusammenfassung und Schlussfolgerungen

5.1 Zusammenfassung

Wenn alle drei Erfolgsfaktoren (Innovation, Qualität und Personalentwicklung) Ihres Unternehmens untersucht und bewertet sind, können Sie die Ergebnisse nun in der folgenden Übersicht zusammenfassen. Die Zusammenfassung ist für das Management besonders interessant, wenn die drei Bereiche von unterschiedlichen Personen bewertet wurden.

Markieren Sie die aus den Frühwarnsystemen resultierenden Ampel-Werte an den entsprechenden Stellen mit einem X. Anschließend können Sie für das Gesamtunternehmen Maßnahmen zur Verbesserung festlegen.

108 Zusammenfassung und Schlussfolgerungen

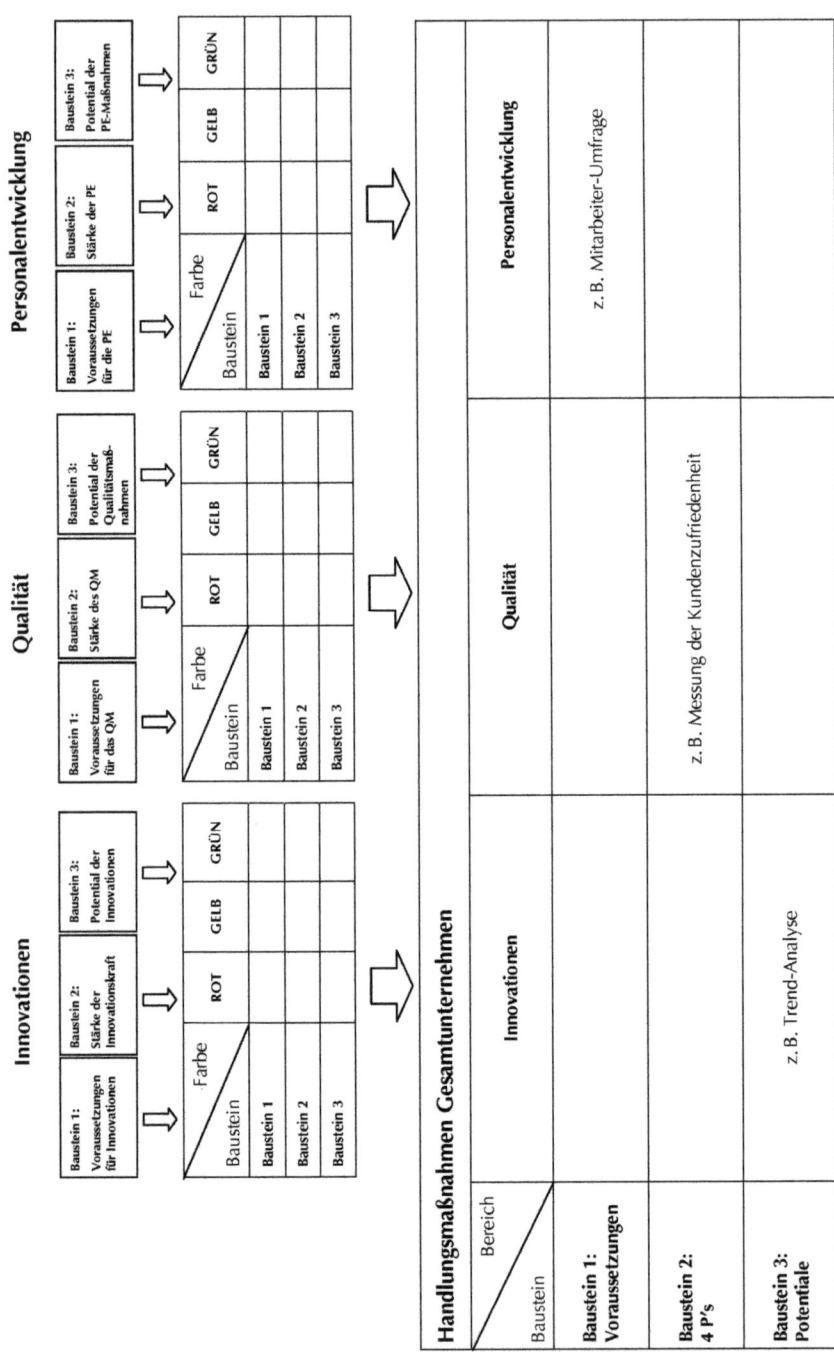

5.2 Schlussfolgerungen

Sie haben die Bereiche Innovationen, Qualität und Personal untersucht. Nachdem Sie außerdem die Zusammenfassung der Bewertungen für Ihr Haus durchgeführt haben, haben Sie wahrscheinlich erkannt, dass es noch Potentiale zur Verbesserung gibt. Ziehen Sie die richtigen Schlüsse für Ihr Unternehmen und Ihr Umfeld und priorisieren Sie die identifizierten Handlungsmaßnahmen nach Ihrem Ermessen.

Um Ihnen die Konkretisierung der möglichen Handlungsmaßnahmen zu erleichtern, finden Sie in Kapitel 6 folgende weiterführenden Analysen:

Innovationen

- Trend-Analyse
- Alleinstellungsmerkmale
- Mitbewerber-Analyse

Qualität

- Messung der Kundenzufriedenheit
- 4 P's des Qualitätssystems

Personalentwicklung

- Mitarbeiter-Umfrage

6. Analysen zur Konkretisierung der Handlungsmaßnahmen

6.1 Trend-Analyse

Zu Beginn eines Jahres beschäftigt man sich gerne mit den Tendenzen im größeren und im spezifischen Umfeld. Meist bleiben es jedoch nur kurze Gedankenspiele – ein ernsthaftes und konsequentes Hinterfragen der möglichen Auswirkungen auf das eigene Unternehmen unterbleibt. Die Hoffnung, es werde alles so weitergehen wie bisher, bestärkt das passive Verhalten, das bewusste Gestalten der Zukunft wird negiert. Diese Hoffnung ist für viele Organisationen trügerisch.

Wir erleben derzeit Veränderungen in einem Ausmaß, wie sie größer und schneller nicht sein können. Wann immer solche Veränderungen schneller sind als die eigene Lerngeschwindigkeit, geht eine Firma zugrunde.

4 Schritte sollen bei der Umsetzung einer Trend-Analyse behilflich sein:

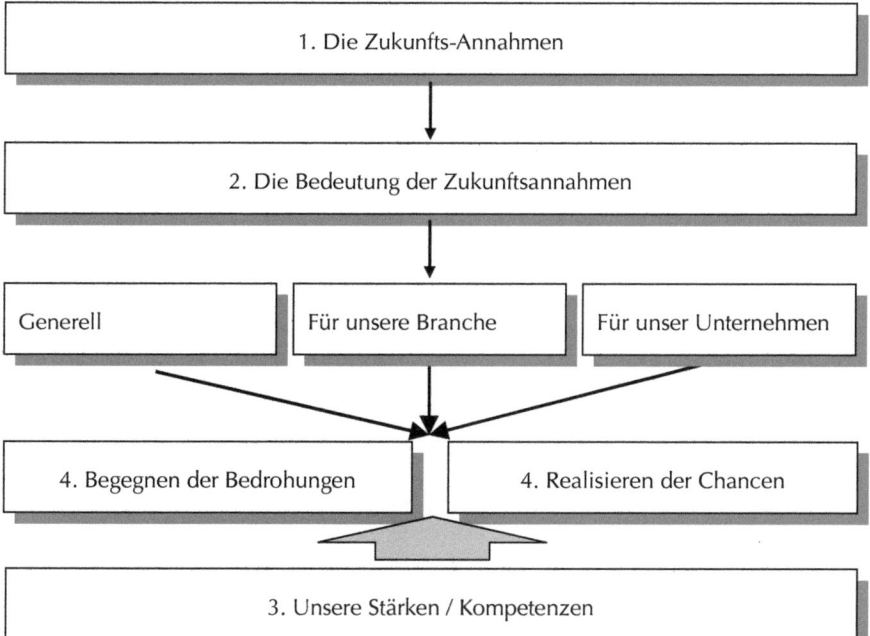

Schritt 1:   Überprüfen Sie die Zukunfts-Annahmen.
Schritt 2:   Klären Sie die Bedeutung der Zukunfts-Annahmen.
Schritt 3:   Stellen Sie Ihre Stärken bzw. Kompetenzen fest.
Schritt 4:   Prüfen Sie, wie Sie den Bedrohungen begegnen und realisieren Sie Ihre Chancen.

Um das gesamte System zu objektivieren, wurde ein Rechenalgorithmus entwickelt, der aufzeigt

- welcher Druck von den Entwicklungen kommt und
- wie die derzeitigen Kompetenzen/Stärken ausgeprägt sind, um diesem Druck zu begegnen.

Schritt 1: Die Zukunfts-Annahmen

Im Folgenden werden neun Trends aufgezeigt und kurz skizziert. Fragen Sie sich bei jeder Annahme, was bedeutet diese

- generell?
- für Ihre Branche?
- für Ihr Unternehmen?

1. Das Überangebot bei austauschbarer Produkten nimmt zu.
2. Den Innovatoren gehört die Zukunft.
3. Die Erfüllung der Kundenerwartungen ist eine Muss-Forderung.
4. Die Informationstechnologie beschleunigt die Globalisierung.
5. Es ergeben sich wesentliche Veränderungen in der Altersstruktur.
6. Die Phasen des Pre-Sales und After-Sales verschmelzen zu einem Betreuungskonzept.
7. Der Zielgruppenorientierung kommt immer größere Bedeutung zu.
8. Der Verkauf von Nutzen gewinnt an Bedeutung.
9. Die Mitarbeiter übernehmen verstärkt Mitverantwortung.

Die Einflussfaktoren des Umfelds

Die allgemeinen Einflussgrößen des Umfeldes verkörpern gleichzeitig Chancen und Risiken für das Unternehmen. Welche speziellen Einflussgrößen bei dem einzelnen Unternehmen als relevant anzusehen und daher genauer zu analysieren sind, hängt z. B. stark von der Branche und der Größe sowie der von außen einwirkenden Chancen und Risiken ab.

Um hier eine gewisse Systematik zu erhalten, ist es in der Praxis üblich, unternehmensspezifische Checklisten zu erarbeiten. Dabei ist es nicht nur schwierig, die relevanten Einflussgrößen des allgemeinen Umfeldes im Einzelfall festzustellen, auch die Gewichtung der Bedeutung der einzelnen Einflussgrößen bereitet Schwierigkeiten.

Das allgemeine Umfeld wird im Regelfall in mehrere Bereiche aufgeteilt:

- gesamtwirtschaftlich
- rechtlich
- demographisch
- ökologisch
- soziologisch-kulturell

Diese Aufzählung beinhaltet keine Reihenfolge für die Bedeutung in einem spezifischen Unternehmen. Eine Reihenfolge ist im jeweiligen Einzelfall festzulegen. Außerdem sind auch in jedem Einzelfall die möglicherweise bestehenden gegenseitigen Abhängigkeiten zwischen den einzelnen Bereichen in der Praxis zu berücksichtigen.

Für Unternehmen gilt es, diese Einflussfaktoren ständig im Auge zu behalten und „schwache Signale" möglichst frühzeitig zu erkennen.

Das Konzept der „schwachen Signale" beruht auf der Erkenntnis, dass jede Veränderung des Umfeldes eines Unternehmens ihre „Schatten" in Form schwacher Signale voraus wirft. Da diese Veränderungen im unternehmerischen Umfeld das Erfolgspotential eines Unternehmens beeinflussen, müssen durch eine permanente Beobachtung des relevanten Umfeldes eines Unternehmens frühzeitig die Signale aufgenommen und verarbeitet werden, die zu strategischen Anpassungsmaßnahmen führen. Ein derartiger Prozess hat keinen Charakter der Einmaligkeit; er ist kontinuierlich durchzuführen.

Schritt 2: Die Bedeutung der Zukunftsannahmen

Es empfiehlt sich eine Strukturierung in die drei Kategorien:
1. Generelle Megatrends
2. Trends in der Branche
3. Spezifische Unternehmenstrends

Bei den generellen Megatrends können sich – z. B. bezogen auf die Kunden – folgende Aussagen ergeben:

Die Kunden
- werden immer unberechenbarer und widersprüchlicher;
- verlangen Systemlösungen;
- teilen sich verstärkt in Mikro-Segmentierungen auf;
- sehen im Umweltschutz ein zentrales Anliegen;
- werden bezüglich Qualität, Service, Innovationen und „emotionalem Mehrwert" immer kritischer und wählerischer;
- verlangen höchste Individualität.

Die Trends in der Branche lassen Aussagen zu wie:
- In der Branche X steigt der Anteil von Generalunternehmerverträgen am Gesamtumsatz.
- In der Branche Y wird die ISO-Zertifizierung zunehmend diskutiert.

Im Unternehmen selbst können sich Entwicklungen abzeichnen wie:
- Ca. 25 % des Umsatzes werden in unserer Branche inzwischen durch Produkte erzielt, die nicht älter als fünf Jahre sind.
- Drei wichtige Mitbewerber integrieren verstärkt Lieferanten in ihre Geschäftsprozesse.

Um die Trends für das Unternehmen zu konkretisieren empfiehlt sich eine Bewertung
- der allgemeinen Bedeutung;
- der Bedeutung für uns, d. h. für unser Unternehmen;
- der Dringlichkeit, d. h. wie dringlich ist die Entwicklung einer Lösung.

Bestimmung der Bedeutung der Entwicklung

Bei der Bedeutung gilt folgender Schlüssel:

1 = keine wesentliche Bedeutung

2 = minimale Bedeutung

3 = durchschnittliche Bedeutung

4 = große Bedeutung

5 = sehr große Bedeutung

- Bestimmung der allgemeinen Bedeutung des Trends:
  Hier wird gefragt, welche Bedeutung diese Entwicklung generell in der Branche, in der Gesellschaft usw. hat. Es können Noten von eins (bedeutungslos) bis fünf (sehr große Bedeutung) nach dem oben dargestellten Schlüssel vergeben werden. Bei einer Bedeutung von eins bis drei sollte eine Weiterverarbeitung dieses Aspekts in den Hintergrund gestellt werden.
- Bestimmung der Bedeutung für unser Unternehmen:
  Jetzt wird konkret nach dem Bezug zur speziellen Unternehmenssituation gefragt. Dabei ist eine überlegte Einschätzung äußerst wichtig. Auch hier können wieder Noten von eins bis fünf vergeben werden.

Bestimmung der Dringlichkeit

Für die Dringlichkeit gilt folgender Schlüssel:

1 = Lösung soll vorerst nicht gesucht werden

2 = Lösung hat in den nächsten zwei Jahren vorzuliegen

3 = Lösung muss in einem Jahr da sein

4 = Lösung muss in einem halben Jahr vorliegend

5 = Lösung muss sofort vorhanden sein

Welche Dringlichkeit hat die Entwicklung einer Lösung, bis wann müssen wir mit einer Antwort auf dem Markt sein? Hier können Sie ebenfalls Punkte von eins bis fünf vergeben. Der frühestens mögliche Termin sollte Maßstab für die Dringlichkeit einer Lösung und Antwort sein. Nur wenn Sie so denken und größte Anstrengungen an die Problembearbeitung knüpfen, wird Ihre Wachsamkeit zu einem wahren Wettbewerbsvorteil.

Schritt 3: Die Stärken/Kompetenzen

Den Trends gilt es, durch die Stärken und Kompetenzen zu begegnen. Die Kompetenz bringt zum Ausdruck, wie gut unsere Fähigkeiten zur Trendbewältigung sind.

Für die Kompetenz gilt folgender Schlüssel:

1 = keinerlei Fähigkeiten bei uns vorhanden

2 = geringe Kompetenz

3 = durchschnittliche Kompetenz

4 = hohe Kompetenz

5 = sehr hohe Kompetenz

Welche Kompetenzen besitzt Ihr Haus, um eine geeignete Lösung zu entwickeln? Haben Sie noch keinerlei Fähigkeiten zur Trendbewältigung in Ihrem Haus (ein Punkt), oder besitzen Sie auf diesem Gebiet sehr hohe Kompetenzen, so dass es eigentlich keiner Sondermaßnahmen mehr bedarf (fünf Punkte)?

Schritt 4: Begegnen der Bedrohungen und Realisieren der Chancen

Es ist klar, dass ein Thema mit hoher Bedeutung und großer Dringlichkeit üblicherweise einen starken „Entwicklungsdruck" erfordert. Dies ist umso mehr der Fall, je geringer die Kompetenz ist. Ein Thema mit niedriger Bedeutung und geringer Dringlichkeit dürfte im Allgemeinen von niedrigerer Priorität sein.

Um diesen Auswahlprozess systematisch abzuwickeln, wurde ein Formular entwickelt, das konkrete Hilfestellung geben kann. Für einen Workshop empfiehlt es sich, dieses Formular in Übergröße auf einer Pinnwand wiederzugeben. Die Pinnwand bietet die Möglichkeit, interaktiv zu arbeiten, indem die Ideen und Vorschläge aller Teilnehmer berücksichtigen und schnellstens erfasst werden können.

Die Bestimmung der Priorität eines Trends kann nach folgender Einordnung vorgenommen werden:

> A-Priorität: Sofortige Maßnahmen sind einzuleiten mit einer verantwortlichen Projektgruppe.
>
> B-Priorität: Es sind kurz- bis mittelfristige Anpassungsprozesse einzuleiten, für die verantwortliche Bereiche festzulegen sind.
>
> C-Priorität: Keine konkreten Maßnahmen sind nötig, aber eine Beobachtung der Entwicklung ist weiterhin erforderlich.

Die Berechnung der Prioritäten erfolgt nach drei Stufen.

1. Stufe:

Sie multiplizieren die Punktzahl der „Dringlichkeit" (z. B. = 3) und der „Bedeutung für Ihr Haus" (z. B. = 4) jeweils mit dem Faktor 2 und addieren zu der erhaltenen Summe die Punktzahl für die „allgemeine Bedeutung" (z. B. = 5). Es ergibt sich im Beispielsfall ein Gesamtwert von 19 Punkten. Wir nennen diesen Wert „externen Entwicklungsdruck".

2. Stufe:

Nun multiplizieren Sie die Punktzahl für das Kriterium „unsere Kompetenzen" (z. B. = 2) mit dem Faktor 5. Ergebnis im Beispiel = 10 Punkte. Dieser Wert beschreibt Ihren „Kompetenz-Gegendruck".

3. Stufe:

Sie bilden die Differenz zwischen „externem Entwicklungsdruck" und Ihrem „Kompetenz-Gegendruck". Je größer die Differenz, desto notwendiger ist die Einleitung von Maßnahmen. Im Beispielsfall beträgt die Differenz 19-10 Punkte, also 9 Einheiten.

Bei einer Differenz, die größer als 4 ist, sollten Sie eine A-Priorität vergeben (siehe Beispiel = 9 Punkte). Bei einer Differenz von 4 bis 2 Punkten ergibt sich eine B-Priorität. Differenzen, die kleiner als 2 sind, verlangen vorerst keine Maßnahmen und erhalten ein C-Priorität.

Bei A- und B-Prioritäten sollten Sie nun im Workshop geeignete Maßnahmen bestimmen und für die Umsetzung dieser Maßnahmen zuständige Personen oder Teams ernennen. A-Prioritäten verlangen in der Regel die Einsetzung einer Gruppe, die bis zu einem bestimmten Termin das Ergebnis ihrer Arbeit vorlegen muss. Auch die Anpassungsmaßnahmen bei B-Prioritäten müssen auf einen Abschlusstermin fixiert sein. Die Workshop-Ergebnisse sollten grundsätzlich protokolliert werden.

Es empfiehlt sich auch, die Ergebnisse der Sitzung an die einzelnen Bereiche weiterzugeben, um einen umfassenden Informationsstand über neueste Entwicklungen im Unternehmen bei allen Mitarbeitern zu erreichen. Gleichzeitig wird deutlich, wie das Unternehmen auf diese Herausforderung reagiert; die Unternehmenspolitik wird für alle transparenter, und der Wille zur aktiven Teilnahme steigt.

Praxisbeispiel Trendanalyse

DRUCK ⟶					⟵ GEGENDRUCK		
Trend	allgemeine Bedeutung[1] (x1)	Bedeutung für uns (x2)	Dringlichkeit[2] (x2) (Bis wann braucht der Kunde eine Lösung?)	Punktezahl ------>	Punktezahl <------	Unsere Kompetenz[3] (x5)	Priorität[4] (A, B oder C)
„Kunden werden umweltbewusster"	5	4	3	19	10	2	A

[1] Bedeutung der Entwicklung: 5 = sehr große Bedeutung; 4 = große Bedeutung; 3 = durchschnittliche Bedeutung; 2 = minimale Bedeutung; 1 = keine wesentliche Bedeutung (3 bis 1 sollten weiterhin beobachtet werden)

[2] Dringlichkeit - "Bis wann braucht der Kunde eine Lösung?": 5 = sofort; 4 = in einem halben Jahr; 3 = in einem Jahr; 2 = in den nächsten 2 Jahren - wenn überhaupt; 1 = Lösung soll vorerst nicht gesucht werden.

[3] Unsere Kompetenz: 5 = sehr hohe Kompetenz; 4 = hohe Kompetenz; 3 = durchschnittliche Kompetenz; 2 = geringe Kompetenz; 1 = keinerlei Fähigkeiten bei uns vorhanden.

[4] Priorität - Auswirkungen: A-Priorität = sofortige Maßnahmen mit Taskforce; B-Priorität = Einleitung von mittel bis kurzfristigen Anpassungsprozessen; C-Priorität = Keine Maßnahmen, aber weiterhin Beobachtung.

Analysen zur Konkretisierung der Handlungsmaßnahmen   119

Formular Trendanalyse

DRUCK						GEGENDRUCK	
Trend	allgemeine Bedeutung[1] (x1)	Bedeutung für uns (x2)	Dringlichkeit[2] (x2) (Bis wann braucht der Kunde eine Lösung?)	Punkte-------> zahl	Punkte- <------- zahl	Unsere Kompetenz[3] (x5)	Priorität[4] (A, B oder C)

1 Bedeutung der Entwicklung: 5 = sehr große Bedeutung; 4 = große Bedeutung; 3 = durchschnittliche Bedeutung; 2 = minimale Bedeutung; 1 = keine wesentliche Bedeutung (3 bis 1 sollten weiterhin beobachtet werden)

2 Dringlichkeit - "Bis wann braucht der Kunde eine Lösung?": 5 = sofort; 4 = in einem halben Jahr; 3 = in einem Jahr; 2 = in den nächsten 2 Jahren - wenn überhaupt; 1 = Lösung soll vorerst nicht gesucht werden.

3 Unsere Kompetenz: 5 = sehr hohe Kompetenz; 4 = hohe Kompetenz; 3 = durchschnittliche Kompetenz; 2 = geringe Kompetenz; 1 = keinerlei Fähigkeiten bei uns vorhanden.

4 Priorität - Auswirkungen: A-Priorität = sofortige Maßnahmen mit Taskforce; B-Priorität = Einleitung von mittel bis kurzfristigen Anpassungsprozessen; C-Priorität = Keine Maßnahmen, aber weiterhin Beobachtung.

6.2 Analyse der Alleinstellungsmerkmale und Mehrwerte

Schritt 1: Allgemeiner Mehrwert

Bei der Strategie- und Zielformulierung kommt es verstärkt darauf an, die qualitativen Mehrwertargumente bei Entscheidungsprozessen zu verdeutlichen:

„Wer keinen Nutzen bieten kann, verkauft Rabatte."

Ca. 80 % aller Unternehmen verkaufen ihre Produkte nicht über den Preis, sondern über qualitative Merkmale wie

- Qualität,
- Service,
- Termineinhaltung,
- spezifische Problemlösungen,
- kompetente Mitarbeiter,
- individuelle Logistik-Lösungen,
- Flexibilität in der Auftragsabwicklung,
- Schnelligkeit in der Durchführung usw.

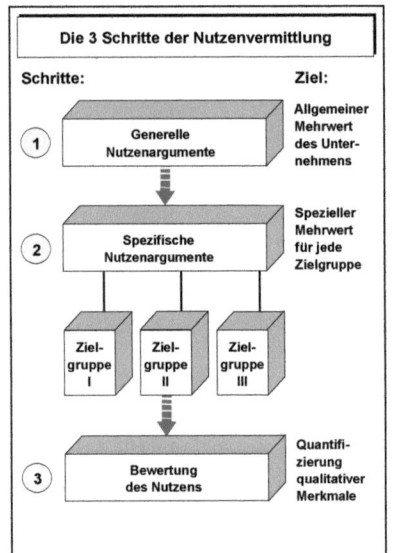

Die meisten Führungskräfte und Mitarbeiter sind nicht in der Lage, die Alleinstellungsmerkmale den Kunden

- vollständig,
- ganzheitlich,
- schlüssig,
- objektiviert und
- nachvollziehbar

zu vermitteln.

Machen Sie bei mehreren Personen aus ein und demselben Haus eines Unternehmens Tests zu den Mehrwertargumenten. Die Ergebnisse sind üblicherweise erschreckend.

1. Händigen Sie mehreren Damen und Herren aus einer Firma ein DIN A4 Blatt aus.
2. Bitten Sie die Damen und Herren, die generellen Mehrwertargumente für das Unternehmen aufzulisten. Die Fragestellung könnte sein: „Was spricht für unser Haus, wenn Kunden bei uns kaufen sollen?"
3. Lassen Sie für das Ausfüllen dieses Blattes ca. 10 Minuten Zeit.
4. Sammeln Sie die Blätter ein und listen Sie die Argumente pro Teilnehmer auf. Sie werden feststellen, dass die Ergebnisse üblicherweise unvollständig und nicht kongruent sind.
5. Versuchen Sie die Liste der generellen Mehrwertargumente gemeinsam zu erarbeiten. Nehmen Sie sich dafür die entsprechende Zeit.
6. Lassen Sie das erarbeitete Ergebnis von weiteren Mitarbeitern überprüfen und vervollständigen.

Schritt 2: Spezifische Nutzenargumente

1. Lassen Sie durch ein Team die wichtigsten Kunden-Zielgruppen erarbeiten. Das Team sollte ca. 15-25 Mitarbeiter und Führungskräfte umfassen.
2. Das Ergebnis der Kundensegmentierung ist festzuhalten. Sie sollten sich auf die wichtigsten Zielgruppen beschränken (z. B. sechs).
3. In Untergruppen von ca. 3-5 Teilnehmern sind für jede Zielgruppe die spezifischen Nutzenargumente zu erarbeiten (Zeit: ca. 15 Minuten). Es empfiehlt sich hier der Einsatz der Kartentechnik. Jedes Argument wird auf eine Karte geschrieben.
4. Jede Gruppe trägt im Plenum die erarbeiteten Nutzenargumente ihrer Zielgruppe vor.
5. Das Plenum ergänzt die Ergebnisse bzw. bittet um Modifizierungen.
6. Auch diese Team-Ergebnisse sind durch weitere Personen zu verifizieren.

Schritt 3: Bewertung qualitativer Merkmale

In den meisten Fällen dürften die Schritte 1 und 2 für das Gewinnen einer Kundensituation ausreichen. Gelegentlich gibt es aber Kunden, die den Mehrwert in €-Kategorien erfahren möchten. Für diese Fälle wurde das Formular „Bewertung qualitativer Merkmale" (siehe Abbildung) entwickelt.

Dieses Formular kann sowohl vom Unternehmen als auch vom Kunden ausgefüllt werden. Die bessere Wirkung wird erzielt, wenn der Kunde die für ihn wichtigen Argumente auflistet und die Bewertung der Argumente vornimmt. Lassen Sie den Kunden die für ihn wichtigen

- generellen Nutzenargumente und
- spezifischen Nutzenargumente

auflisten.

Nutzen Sie dazu folgende Fragestellung:

- Generelle Nutzenargumente: „Was spricht generell für unser Haus?"
- Spezifische Nutzenargumente:
  - „Welches sind unsere wichtigsten Zielgruppen?"
  - „Mit welchen Argumenten überzeugen wir die einzelnen Zielgruppen?"

Praxisbeispiel Mehrwertanalyse

Generelle Mehrwert-/Nutzenargumente:	1	2	3	4	5
Service und Support durch Applikationsingenieure					
Ganzheitliche Lösungskompetenz in Sicherheits-Technologie					
Investitionssicherheit durch Aufwärtskompatibilität					
Praktizierte, offene und flexible Zusammenarbeit mit Kunden					
Spezifische Mehrwert-/Nutzenargumente:					
Durchgängige Diagnosefähigkeit auf allen Ebenen (Verdrahtung, Hard-, Soft- und Firmware)					
Geringerer Platzbedarf und Installationsaufwand					
Flexibel auf das Anforderungsprofil des Kunden abstimmbare Sicherheitskategorie					
Effiziente Umsetzung von Projekten aufgrund umfangreicher vorgeprüfter Softwarekomponenten					
Verarbeitungsgeschwindigkeit/kürzere Reaktionszeiten					

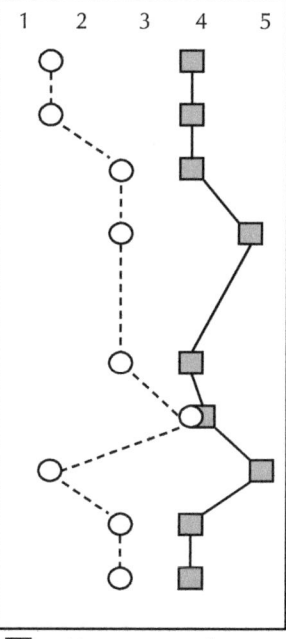

■ = Musterunternehmen
○ = Wettbewerber

Legende:
Bewertung: 1 = niedrig, 2 = relativ niedrig, 3 = mittel, 4 = relativ hoch, 5 = hoch

Bewertung qualitativer Merkmale

- Bewertung Wettbewerber:
  Ø-Wert (Summe Bewertungspunkte:
  Anzahl Mehrwert/Nutzenargumente) = 2,75

- Bewertung Musterunternehmen:
  Ø-Wert (Summe Bewertungspunkte:
  Anzahl Mehrwert/Nutzenargumente) = 4,25

- Der quantitative (monetäre) Vorteil des Wettbewerbers beträgt € 500.

- Das Verhältnis der quantitativen Merkmale zu den qualitativen Merkmalen (Mehrwert/Nutzenargumente) beträgt 2:1.

- Den monetären Wert eines Bewertungspunktes erhält man, indem man das Verhältnis der quantitativen Merkmalen zu den qualitativen Merkmalen mit dem qualitativen Vorteil des Wettbewerbers multipliziert und durch die Bewertung des Wettbewerbers teilt:
- Monetärer Wert eines Bewertungspunktes = 2 * € 500 / 2,75 = ~ 364 €
- Es gilt folgende Formel:
  Ø Wert der Bewertung Musterunternehmen * Wert eines Bewertungspunktes = bewerteter qualitativer Mehrwert/Nutzen des Musterunternehmens gegenüber dem Wettbewerber
- Somit gilt:
  - bewerteter qualitativer Mehrwert/Nutzen des Musterunternehmens gegenüber dem Wettbewerber = 4,25 * 364 € = ~ € 1.550
  - quantitativer (monetärer) Vorteil des Wettbewerbers bei Berücksichtigung des Verhältnis 2:1 = € 1.000
  - Gesamt Mehrwert/Nutzen des Kunden bei einer Entscheidung zugunsten des Musterunternehmens
    ~ € 1.550 - € 1.000 = ~ € 550

6.3 Mitbewerber-Analyse

Diese Analyse kann unterschiedlichen Zielen dienen. Im Mittelpunkt steht üblicherweise die Analyse der Kunden und der Mitbewerber. Bei der Analyse der Kunden geht es insbesondere um die Entscheidungskriterien der Kunden, bei der Analyse der Mitbewerber um die Positionierung gegenüber der Konkurrenz

Überträgt man diese beiden Kriterien in eine Matrix, dann lässt sich die Positionierung eines Unternehmens darstellen.

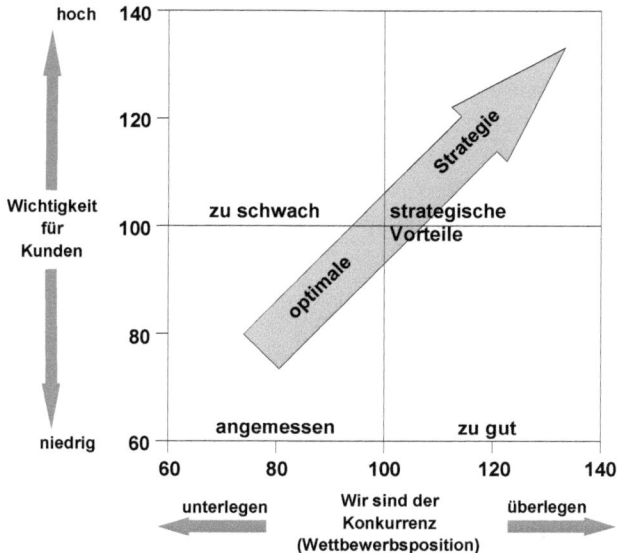

Hinweise für das Ausfüllen der Matrix

Die Achse „Wichtigkeit für Kunden" gibt an, was für die Kunden wichtig bzw. weniger wichtig ist. Der höchste Wert ist 140, der niedrigste 60, der Mittelwert 100. Die Achse „Wettbewerbsposition" bringt Ihr Verhältnis zur Konkurrenz zum Ausdruck. Sind Sie in einem Leistungskriterium der Konkurrenz stark überlegen, so kann ein hoher Wert (z. B. 130 oder 140) angesetzt werden. Haben Sie beispielsweise dasselbe Preis-/Leistungs-Verhältnis wie die Konkurrenz, dann gilt der Wert 100.

Ermittlung der Wichtigkeit für Kunden

1. Selbstbild-Ansatz (das Unternehmen ordnet ein)
   Durch eine gute Praxiskenntnis ist es möglich, die Leistungskriterien aus dem Blickwinkel des Kunden in eine Rangfolge zu bringen.

2. Fremdbild-Ansatz (die Kunden ordnen ein)
   Durch eine Kundenbefragung erhält man die Bedeutung der einzelnen Kriterien für die Kunden.

3. Selbstbild- und Fremdbild-Ansatz (Unternehmen und Kunden ordnen ein)

In diesem Fall gibt das Unternehmen einige Kriterien vor. Die Kunden können den Kriterienkatalog ergänzen und die Einordnung modifizieren. Für alle Unternehmen ist es heute unabdingbar, die Entscheidungskriterien zu kennen. Häufig sind die Entscheidungskriterien pro Zielgruppe unterschiedlich. Die Wettbewerbs-Analyse ist in all diesen Fällen pro Zielgruppe zu machen. Überprüfen Sie Ihre Zielgruppen. Sie werden erkennen, dass jede Zielgruppe zum Teil andere Entscheidungskriterien hat und diese auch unterschiedlich bewertet.

Bewertung der Wettbewerbsposition

Bezüglich der Mitbewerber-Analyse haben zahlreiche Organisationen erhebliche Schwachstellen. Häufig fehlt diese Konkurrenten-Analyse ganz. Von einer systematischen Untersuchung der Konkurrenzsituation kann nur ein geringer Anteil der Unternehmen sprechen.

Die Konkurrenzforschung sollte heute gezielt von jedem Unternehmen nach dem Prinzip „Kenne deinen Konkurrenten" betrieben werden. Die Hauptursachen für fehlende Konkurrenz-Analysen liegen

- im Mangel an relevanten Daten und
- in der ungenügenden systematischen Auswertung von Daten.

Es gilt, möglichst umfassende Daten über die Mitbewerber zu erfassen, diese zu analysieren und konkrete Schlüsse aus den Unterschieden zu ziehen. Jeder mittelständische Betrieb sollte daher Informationen aus Kundenaussagen, Zeitungsangeboten, individuellen Kundenangeboten, Ausschreibungen usw. sammeln. Es ist unabdingbar, die Daten über Mitbewerber ständig zu aktualisieren und zu speichern.

Weitere Vorschläge

- Machen Sie eine Person in Ihrem Hause für die Koordination der Mitbewerber-Daten verantwortlich.
- Sensibilisieren Sie sämtliche Mitarbeiter für dieses Thema.

Haben Sie die beiden Voraussetzungen für die Einordnung erfüllt, dann tragen Sie in das Formular „Wettbewerbs-Analyse" die einzelnen Leistungs-Kriterien ein (Überprüfen Sie vorab die Beispiele).

Hinweise zur Bewertung

1. Ihr Unternehmen ist umso erfolgreicher, je mehr Sie bei wichtigen Entscheidungskriterien der Kunden die Konkurrenz hinter sich lassen (Feld „oben rechts"). Sind Sie in wichtigen Entscheidungskriterien der Konkurrenz unterlegen, dann ist Handlungsbedarf angesagt (Feld "oben links"). Versuchen Sie, diese Matrix zu verstehen.
2. Positionieren Sie Ihr Unternehmen möglichst objektiv.
3. Treffen Sie adäquate Entscheidungen zur nachhaltigen Verbesserung der Wettbewerbsposition.

Praxisbeispiel 1: Zulieferbetrieb der Automobilbranche

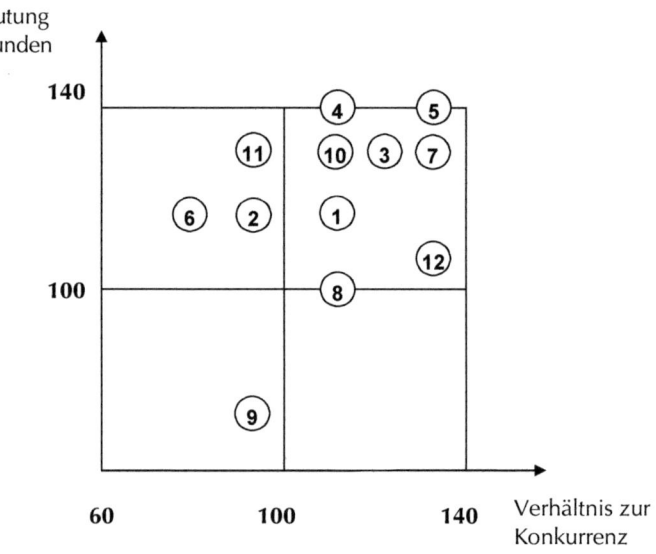

Bewertungskriterien (Erfolgsfaktoren):	Bedeutung	Wettbewerbsposition
1. Lösungskonzept (Engineering)	120	110
2. Kostenstruktur (Technologie)	120	90
3. Time-to-Market	130	120
4. Qualitätsanforderungen (100%)	140	110
5. Liefertreue (Stück und Termin)	140	130
6. Flexibilität auf Änderungen	120	80
7. Systemanbieter	130	130
8. Technologie-Stand (Fertigung)	100	110
9. Wertschöpfungskette	80	90
10. Technologie (IT)	130	110
11. Preis	130	90
12. Management-Kultur	110	130

Praxisbeispiel 2: Allgemeinarztpraxis

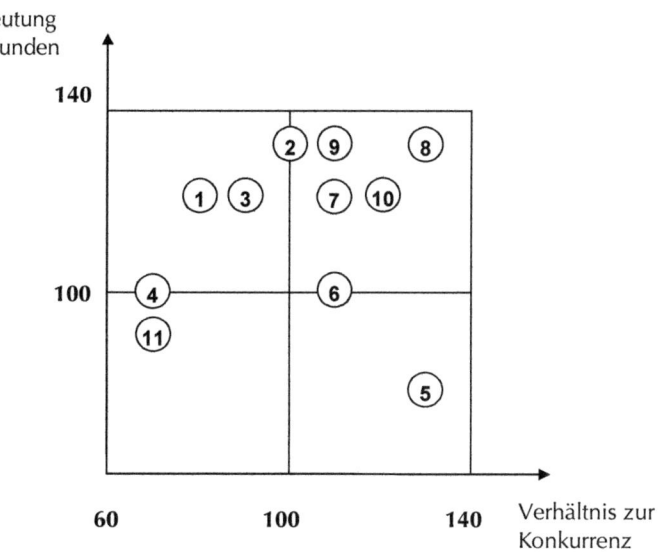

Bewertungskriterien (Erfolgsfaktoren):	Bedeutung	Wettbewerbsposition
1. Parkplätze in unmittelbarer Nähe	120	80
2. Freundliche, hilfsbereite Helferinnen	130	100
3. Diskretion an der Empfangstheke	120	90
4. Kurze Wartezeiten bei Terminvereinbarung	100	70
5. Telefonsprechstunden, für Ihre kleinen Fragen	80	130
6. Medizinische Geräte auf dem neuesten Stand	100	110
7. Laufende Fortbildung von Arzt und Praxisteam	120	110
8. Ausreichend Zeit beim Arzt auch für eigene Fragen	130	130
9. Ausführliche Begründung von Diagnosen und Therapien	130	110
10. Schnelle Überweisung zum Facharzt bei Unklarheiten	120	120
11. Zusätzliche Leistungsangebote, z. B. Reiseberatung Preis	90	70

Formular für Ihre Mitbewerber-Analyse

Vorgehensweise:
1. Ermitteln Sie die Entscheidungskriterien der Kunden
2. Ermitteln Sie die Einordnung nach der Bedeutung für Kunden und im Verhältnis zur Konkurrenz
3. Ziehen Sie die notwendigen Folgerungen

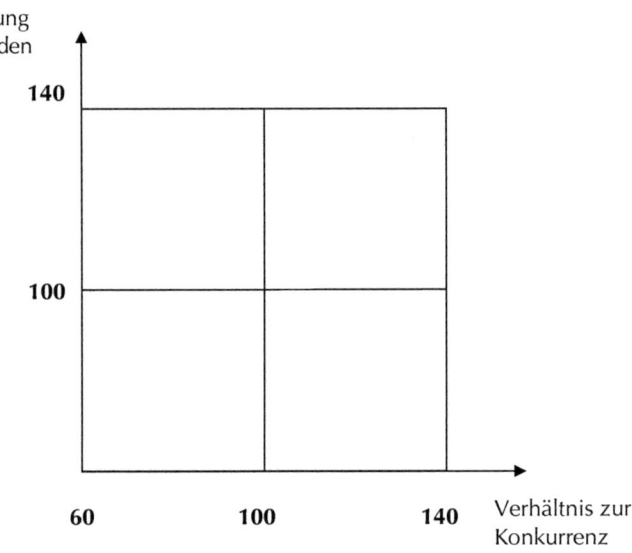

Bewertungskriterien (Erfolgsfaktoren):	Bedeutung	Wettbewerbsposition
1.		
2.		
3.		
4.		
5.		
6.		
7.		
8.		
9.		
10.		

6.4 Messung der Kundenzufriedenheit

Bei der Messung der Kundenzufriedenheit wird von zwei Bereichen ausgegangen:

1. Wichtigkeit

Wie wichtig ist den Kunden dieses Kriterium?

Die Wichtigkeit wird auf einer Skala von 1 Punkt = (--) bis 4 Punkte = (++) angegeben.

2. Zufriedenheit

Wie zufrieden sind die Kunden mit der Realisierung dieses Kriteriums?

Für den Zufriedenheits-Grad gilt folgende Wertung:

400 = sehr gute Erfüllung

300 = gute Erfüllung

200 = nicht zufriedenstellende Erfüllung

100 = mangelhafte Erfüllung

Durch die Wahl eines Punkterasters zwischen 100 und 400 liegt die maximal erreichbare Punktzahl bei 400 (uneingeschränkte hohe Kundenzufriedenheit).

Die minimale erreichbare Zahl liegt bei 100; hier ist der Kunde in allen Kriterien unzufrieden.

Ein Wert von 250 Punkten entspricht einem Zufriedenheitsgrad von 50 %.

Ein Wert von 325 Punkten ergibt einen Zufriedenheitsgrad von 75 %.

Je nach dem Anspruchsniveau der Geschäftsleitung ist zu definieren, ab wann unverzüglich Maßnahmen zur Verbesserung des Prozesses der Kundenzufriedenheit zu entwickeln und umzusetzen sind.

Jedes Kriterium kann in die nachfolgende Matrix eingetragen werden.

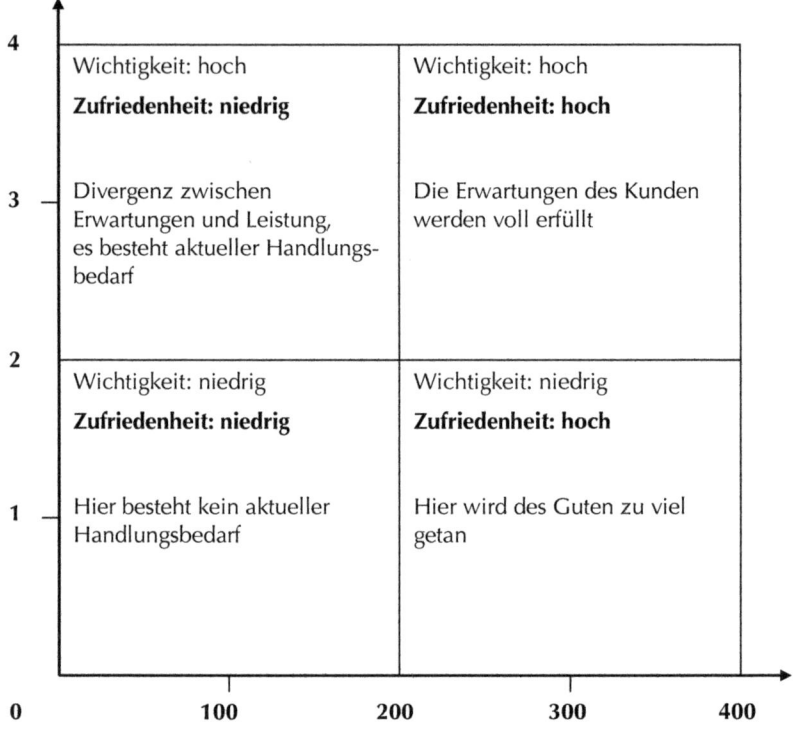

Zielkriterien	Punktezahl	Prozentsatz
Maximal erreichbare Punktezahl	400	100 %
Minimal mögliche Punktezahl	100	0 %
Kritische Punktezahl-Grenze	325	75 %
Punktezahl für sofortige Maßnahmen	250	50 %

Legen Sie das Anspruchsniveau
- insgesamt und
- für einzelne Kriterien fest!

Nutzen Sie den folgenden Fragebogen zur Messung Ihrer Kundenzufriedenheit.

Kunde:	Name des Befragten:
Produkt / Dienstleistung:	

	Wichtigkeit	Zufriedenheit
	-- - + ++	-- - + ++

Preis / Leistung
1. Preisgefüge
2. Komplett-Angebot

Qualität der Produkte
3. Produkt frei von Beanstandungen
4. Funktionsfähigkeit
5. Nutzen des Produkts
6. Qualität des Produktes

Qualität des Service
7. Erreichbarkeit Mitarbeiter
8. Regelmäßige Information über neue Produkte
9. Zufriedenheit mit der Serviceleistung

Beratung / Betreuung
10. Fachwissen der Mitarbeiter
11. Aufzeigen der Chancen
12. Bestmögliche Betreuung

Innovationsfähigkeit
13. Innovationen beim Produktionsprogramm
14. Innovationen bei Zusatzfunktionen etc.
15. Innovationen bei Muster

	Wichtigkeit	Zufriedenheit
Zusatznutzen	-- - + ++	-- - + ++
16. Wettbewerbsvorteile gegenüber Konkurrenzprodukten	☐ ☐ ☐ ☐	☐ ☐ ☐ ☐
17. Bessere Kundenbindung	☐ ☐ ☐ ☐	☐ ☐ ☐ ☐
18. Unterstützung bei der Verbesserung des Betriebsergebnisses	☐ ☐ ☐ ☐	☐ ☐ ☐ ☐
Kompetente, motivierte Mitarbeiter	-- - + ++	-- - + ++
19. Engagement der Mitarbeiter	☐ ☐ ☐ ☐	☐ ☐ ☐ ☐
20. Flexibilität der Mitarbeiter	☐ ☐ ☐ ☐	☐ ☐ ☐ ☐
21. Reaktionszeit bei Kundenanforderungen	☐ ☐ ☐ ☐	☐ ☐ ☐ ☐
22. Verhalten bei Konflikten / Verbesserungen	☐ ☐ ☐ ☐	☐ ☐ ☐ ☐
23. Zusammenarbeit Kunde / Mitarbeiter	☐ ☐ ☐ ☐	☐ ☐ ☐ ☐
Infrastruktur des Unternehmens	-- - + ++	-- - + ++
24. Insgesamt ein guter Partner	☐ ☐ ☐ ☐	☐ ☐ ☐ ☐
25. Insgesamt eine gute Kundenorientierung	☐ ☐ ☐ ☐	☐ ☐ ☐ ☐

Wurden Ihre Erwartungen erfüllt und welche Anregungen und Empfehlungen zur Verbesserung der Qualität unserer Leistungen haben Sie für unser Unternehmen?

6.5 4 P's des Qualitätssystems

Das QM-Verständis von Führungskräften und Mitarbeiter kann durch Bewertungs-Checklisten hinterfragt werden. Die Reifegrad-Profile im persönlichen und unternehmerischen Sektor können unterschiedliche Auffassungen über die Qualität im eigenen Haus aufdecken, die es zu diskutieren gilt.

Mit Hilfe der Analyse kann außerdem die Identifikation mit dem Thema Qualität verstärkt werden. Ziel ist es, hohe Qualitätsansprüche nicht nur zu proklamieren, sondern auf Basis der Checklisten aktiv zu leben.

Die Basis liefert das System der 4 P's des Qualitätssystems.

Die 4 P´s des Qualitätssystems

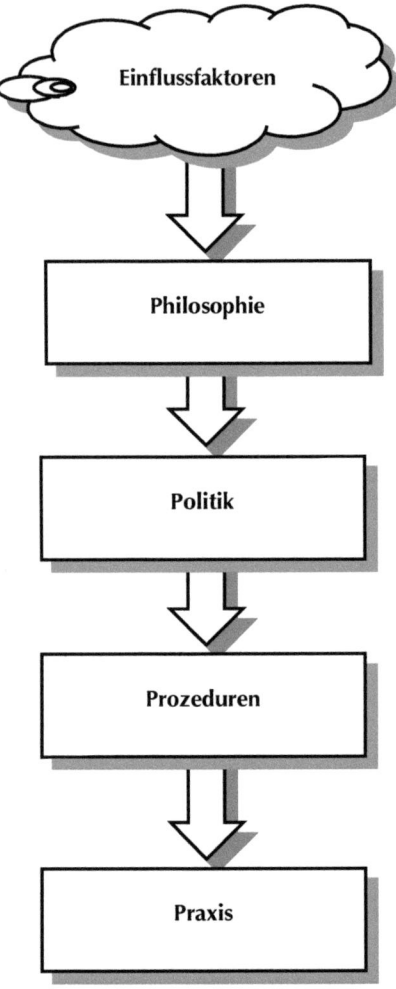

- Unternehmensstrategie
- Kunden
- Gesetzgeber
- Lieferanten
- Öffentlichkeit
- Mitarbeiter

- Das gemeinsame Wollen
- Generalnormen zur Qualität
- Corporate Identity-Grundsatz
- Darstellung nach außen
- Verinnerlichen des Leitbildes

- Qualität als Erfolgsfaktor
- Qualitätsstrategie
- Qualitätsziele
- Zuordnen der Verantwortung

- Setzen von Maßstäben
- Definieren der Prozesse
- Kontrollsysteme
- Richtlinien
- Unterstützende Methoden

- Qualitätsbewusstsein
- Verpflichtung der Beteiligten
- Qualitäts-Organisation
- Optimale Umsetzung
- Ausbildung der Mitarbeiter

Persönlicher Reifegrad der Qualität

1. Qualitätsphilosphie

Punkte
1 2 3 4 5

1.1 Kenne ich die unterschiedlichen Leitsätze (Aussagen) zur Qualität?

1.2 Habe ich diese Leitsätze auf mein Aufgabenfeld hin präzisiert?

1.3 Versuche ich diese Leitsätze ständig gegenüber internen und externen Kunden zu leben?

1.4 Motiviere ich andere, die unternehmerischen Qualitätsgrundsätze zu leben?

1.5 Bin ich mir ständig bewusst, dass meine Handlungsweisen als Qualitäts-Lieferant denselben Stellenwert wie die Produkte und DL unseres Hauses haben?

2. Qualitätspolitik

Punkte
1 2 3 4 5

2.1 Trage ich auch dazu bei, dass in meinem betrieblichen Umfeld (Team, Abteilung, Bereich) eindeutige Qualitätsziele fixiert sind?

2.2 Stelle ich sicher, dass es in meinem Umfeld konkrete Maßzahlen zum Messen der Zielerreichung gibt?

2.3 Sind mir die Bedürfnisse meiner internen und externen Kunden voll bekannt?

2.4 Bemühe ich mich, die Kundenanforderungen fehlerfrei zu erreichen?

2.5 Lerne ich aus Fehlern der Vergangenheit und versuche ich laufend, Problemursachen zu eliminieren?

3. Qualitätsprozeduren

	Punkte				
	1	2	3	4	5
3.1 Kann ich behaupten, dass die Durchführung meiner Arbeiten auf bewährten Regeln mit den adäquaten Qualitätsstandards basiert?					
3.2 Trage ich in meinem Umfeld dazu bei, dass Pannen/Reklamationen sehr schnell und kundenorientiert behandelt werden?					
3.3 Kenne und nutze ich die Methoden, die zu einer Qualitätsverbesserung beitragen?					
3.4 Bin ich im besten Sinne für meine Partner (Kunden, Lieferanten) ein Vordenker in Qualitätsverbesserung?					
3.5 Versuche ich, mein Wissen bzgl. Qualitätssicherung und Qualitätsverbesserung auf dem neuesten Stand zu halten?					

4. Qualitätspraxis

	Punkte				
	1	2	3	4	5
4.1 Entwickle ich genügend Eigeninitiative, wenn es um die Durchsetzung von Qualität geht?					
4.2 Kann ich mich als Vorbild in Bezug auf "Qualität" bezeichnen?					
4.3 Denke ich bei allen Maßnahmen zur Qualitätsverbesserung auch an die Kostenauswirkungen?					
4.4 Versuche ich die Qualitätsprozesse mit Kunden und Lieferanten im Sinnen eines Gewinner-Gewinner-Spieles aufzubauen und durchzuführen?					
4.5 Berücksichtige ich beim Einsatz aller Ressourcen, Prozesse und Methoden die Umweltverträglichkeit?					

Unternehmerischer Reifegrad der Qualität

1. Qualitätsphilosphie

                                                                           Punkte
                                                                   1 2 3 4 5

1.1 Ist das Sterben nach Qualität als Geschäftsgrundsatz verankert?

1.2 Gibt es Leitsätze zur Qualität, die die Verantwortung gegenüber den Kunden und der Öffentlichkeit dokumentieren?

1.3 Wird verdeutlicht, dass "Qualität" nicht nur für die Produktion gilt, sondern für alle Funktionsbereiche?

1.4 Werden die Lieferanten voll in das Qualitätssystem eingebunden?

1.5 Sind die Leitsätze zur Qualität allen Führungskräften und Mitarbeitern bekannt und wird die Umsetzung verdeutlicht?

2. Qualitätspolitik

                                                           Punkte
                                            1 2 3 4 5

2.1 Existieren eindeutige Ziele zur Verbesserung der Qualität?

2.2 Gibt es konkrete Maßzahlen zum Messen der Zielerreichung?

2.3 Werden die Kundenbedürfnisse und Erwartungen regelmäßig ermittelt?

2.4 Führt eine intensive Analyse der Ergebnisse der Kundenmeinungen zur Verbesserung der Kundenzufriedenheit?

2.5 Werden Manager und Mitarbeiter über konkrete Ziele und Vorgaben in das Qualitätsthema eingebunden?

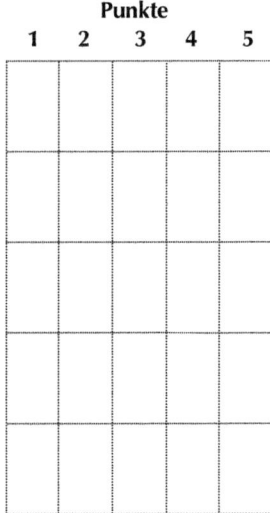

3. Qualitätsprozeduren

Punkte 1 2 3 4 5

3.1 Existieren die zur Verbesserung der Qualität notwendigen Richtlinien?

3.2 Erstrecken sich die Prozeduren/Programme auf alle Funktionsbereiche/Prozesse des Unternehmens?

3.3 Werden die zur Verbesserung der Qualität in Frage kommenden Methoden (z. B. Null-Fehler-Standard, Ursachen-Wirkungs-Diagramm) eingesetzt?

3.4 Werden Ausbildungsprogramme eingeleitet, die die Nähe zum Kunden weiter fördern und die Qualität verbessern?

3.5 Existieren Mitbewerbervergleiche und Leistungsvergleichsbetrachtungen?

4. Qualitätspraxis

Punkte 1 2 3 4 5

4.1 Wird sichergestellt, dass Qualitätsverbesserung ein langfristiger, kontinuierlicher Prozess ist?

4.2 Weiß jeder Mitabeiter, dass die Qualität seiner Leistung Nutzen sowohl für den internen als auch den externen Kunden stiftet?

4.3 Fördern Sie Vorschläge und Initiativen zur Verbesserung der Qualität?

4.4 Existieren entbürokratisierte und kundenorientierte Strukturen für ein effektives Qualitäts-Management?

4.5 Werden die Kunden maximal an das Unternehmen gebunden?

6.6 Mitarbeiter-Umfrage

Ziel der Mitarbeiter-Umfrage ist es, den Mitarbeitern Gelegenheit zu geben, wesentliche Kriterien ihres direkten Arbeitsumfeldes (insbesondere zu Führung, Organisation, Zusammenarbeit und allgemeine Befindlichkeit) anonym zu bewerten.

Nutzen

- Das Ergebnis der Umfrage spiegelt die momentane Situation im Unternehmen sowie die derzeitige Zufriedenheit der Mitarbeiter aus deren Sicht wider.
- Die Analyse gibt insbesondere Aufschluss über die derzeitige Situation in den Bereichen „Führung", „Organisation", „Zusammenarbeit" und „allgemeine Befindlichkeit".
- Die Ergebnisse dienen als wichtige Grundlage, Schwachstellen im Unternehmen zu erkennen und daraus konkrete Handlungsalternativen zu entwickeln.

Durchführung

- Je nach Zielsetzung und betrieblicher Situation wird allen Mitarbeitern, ausgewählten Schlüsselmitarbeitern bzw. einzelnen Abteilungen eines Unternehmens die Methode „Mitarbeiter-Umfrage" ausgeteilt.
- Die Methode beinhaltet insgesamt 26 allgemein formulierte Fragen (teilweise überlappend gestellt), welche mit „sehr gut", „mittel" oder „schlecht" beantwortet werden können.
- Es gilt, sich bei jeder Frage für eine der drei Antworten zu entscheiden und das entsprechende Feld durch ein Kreuz zu markieren. Kreuze zwischen den Feldern „sehr gut" und „mittelmäßig" bzw. zwischen „mittelmäßig" und „schlecht" sind nicht gültig.
- Es sollte darauf hingewiesen werden, dass ein aussagekräftiges Ergebnis nur dann erstellt werden kann, wenn die individuellen Bewertungen der tatsächlich empfundenen, je subjektiven Wahrnehmung entsprechen – „geschönte" Bewertungen führen hingegen zu Verfälschungen der Ergebnisse.

- Es sollte rechtzeitig geklärt werden, wer für die Durchführung und Auswertung der Mitarbeiter-Umfrage zuständig ist. Es empfiehlt sich, einen externen Berater oder eine interne Vertrauensperson hinzuzuziehen, um bei den Mitarbeitern auf Akzeptanz zu stoßen.

- Jeder Mitarbeiter, der an der Mitarbeiter-Umfrage teilnimmt, sollte umfassend über das beabsichtigte Ziel der Analyse informiert werden.

- Die Anonymität der persönlichen Bewertung gegenüber der Geschäftsführung sollte in jedem Fall gewährleistet sein und den Mitarbeitern versichert werden.

- Um zu vermeiden, dass es möglich ist, aus der Gesamtauswertung Rückschlüsse auf einzelne Mitarbeiter zu ziehen, sollte die Anzahl der Mitarbeiter, welche diese Methode ausfüllen, mindestens bei 5 liegen. Nach oben ist die Anzahl der teilnehmenden Mitarbeiter nicht beschränkt. Bei größeren Unternehmen empfiehlt es sich jedoch, die Umfrage so durchzuführen, dass die einzelnen Bereiche separat erfasst und ausgewertet werden.

- Beispielsweise in einem Handwerksbetrieb mit mehreren Filialen sollte die Umfrage pro Filiale durchgeführt werden, da die jeweiligen Ergebnisse stark abweichend sein können. Ein Gesamtergebnis aller Filialen kann zusätzlich erstellt werden, sollte jedoch die Einzelergebnisse pro Filiale bzw. Bereich nicht ersetzen.

- Termin und Ort der Abgabe der ausgefüllten Fragebögen der Mitarbeiter-Umfrage sollte bereits beim Verteilen der Arbeitsunterlagen mitgeteilt werden.

Auswertung

- Der Bewertung „sehr gut" wird der Faktor „1" zugeordnet, der Alternative „mittelmäßig" der Faktor „3" und entsprechend der Faktor „5" für „schlecht".

- Aus der Summe der Einzelbewertungen wird ein Durchschnittswert ermittelt und in der jeweiligen Spalte durch einen Punkt fixiert.

- Die einzelnen Punkte werden miteinander verbunden, so dass aus der Platzierung der Punkte ein Kurvenverlauf erkennbar ist.

- Die Anzahl der Nennungen mit dem entsprechenden Wert wird in den jeweiligen Feldern vermerkt. Auf diese Weise lässt sich erkennen, ob ein Durchschnittswert der errechnete Wert stark differenzierender Beurteilungen ist oder ob die entsprechende Frage insgesamt von allen Mitarbeitern übereinstimmend beantwortet wurde.

- Sofern es keine Enthaltungen gibt, ist die Quersumme für jede Frage gleich und gibt Auskunft über die Anzahl der Teilnehmer, die diese Methode ausgefüllt haben.

- Die subjektiven Bewertungen der einzelnen Mitarbeiter sind für die Geschäftsleitung nicht transparent. Es können aus den Ergebnissen keine Rückschlüsse auf die Bewertung einzelner Mitarbeiter gezogen werden.

Ergebnisse

- Extremwerte (Durchschnittswert „schlecht") weisen auf akute Unzufriedenheit der Mitarbeiter hin – dringender Handlungsbedarf ist angezeigt.

- Mittlere Werte (Durchschnittswert „mittelmäßig") weisen auf eine latente Unzufriedenheit der Mitarbeiter hin – sukzessive sollten Handlungsalternativen in Erwägung gezogen werden, welche die Ursachen der latenten Unzufriedenheit beseitigen.

- Hohe Werte (Durchschnittswert „sehr gut") weisen auf eine überdurchschnittliche Befindlichkeit der Mitarbeiter hin.

Firma Muster GmbH – Auswertung Mitarbeiter-Umfrage

Legende:

| 2 | = Anzahl der Bewertungen/Nennungen

● = Durchschnitt Bewertungen/Nennungen

Frage	Sehr gut	mittelmäßig	schlecht
1. Wie beurteilen Sie das Erscheinungsbild/Renommee der Firma Muster?		9	
2. Was halten Sie von der Struktur/der Aufbauorganisation?	1	4	4
3. Fühlen Sie sich in Ihrem Unternehmen wohl?		4	5
4. Wie bewerten Sie das Betriebsklima?		1	8
5. Wie sehen Sie Ihre Aufstiegschancen?	1	5	3
6. Wie beurteilen Sie die Weiterbildungsmöglichkeiten in der Firma Muster?	1	4	4
7. Wie bewerten Sie die Sozialleistungen Ihres Arbeitgebers?		5	1
8. Sind Sie mit der Arbeitszeitregelung zufrieden?	2	3	3
9. Entspricht Ihre Tätigkeit Ihren Vorstellungen?	4	5	

Analysen zur Konkretisierung der Handlungsmaßnahmen

Frage			
10. Können Sie Ihre Fähigkeiten an Ihrem Arbeitsplatz voll einsetzen?	4	4	
11. Wie empfinden Sie Ihre Arbeitsbelastung?	3	3	3
12. Wie beurteilen Sie die Ablauforganisation in Ihrem Unternehmen?		7	2
13. Wie sind die Mitsprachemöglichkeiten in Ihrem Tätigkeitsbereich?	1	7	1
14. Wie bewerten Sie die Zusammenarbeit im Team?		3	6
15. Wie bewerten Sie die Führungsfähigkeiten des Abteilungsleiters?		1	8
16. Wie bewerten Sie die Zusammenarbeit mit Ihrem Abteilungsleiter?		4	5
17. Werden in Ihrer Firma Probleme offen diskutiert?	1		8
18. Werden Team-Konflikte immer angesprochen und gemeinsam gelöst?		2	7
19. Wie bewerten Sie den Führungsstil von Frau Muster?		4	5
20. Wie bewerten Sie den Führungsstil von Herrn Muster?		5	4

21. Wie werden Sie durch Frau und Herrn Muster motiviert?			4	5
22. Wie werden Sie durch Ihren Abteilungsleiter motiviert?			1	8
23. Werden Ihre Aufgaben mit Ihnen präzise besprochen und abgestimmt?	1	5		3
24. Wird Ihre Meinung bei wichtigen Entscheidungen berücksichtigt?	1	5		3
25. Wie beurteilen Sie die Einführung neuer Mitarbeiter?	1	5		3
26. Ist Herr Muster aufgeschlossen für Anregungen und konstruktive Kritik?	1		6	2

Erklärungen zum Beispiel:

- Anhand des abgebildeten Beispiels einer Auswertung der Methode „Mitarbeiter-Umfrage" lässt sich erkennen, dass insbesondere die Fragen 4, 14, 15, 17, 18 und 22 auf akute Probleme innerhalb der Firma Muster hinweisen.

- Die Fragen 14, 17 und 18 weisen sowohl auf akute Teamkonflikte hin als auch auf die mangelnde/fehlende Kompetenz des Teams, die Konflikte sachlich anzusprechen und konstruktiv zu lösen.

- Die Fragen 15 und 22 weisen auf eine Unzufriedenheit der Mitarbeiter hin, die zumindest teilweise ursächlich bedingt in den – von den Mitarbeitern subjektiv so empfundenen – Führungsdefiziten des Abteilungsleiters zu suchen ist.

- Ein Zusammenhang der Fragen 14, 15, 17, 18 und 22 lässt sich vermuten und ist zu überprüfen.

- Die Frage 4 weist auf ein von nahezu allen Mitarbeitern empfundenes schlechtes Betriebsklima hin.

- Die Frage 3 stellt einen ernst zu nehmenden Grenzwert dar. Mehr als die Hälfte der Mitarbeiter fühlen sich in ihrer Firma nicht (mehr) wohl. Die Ursache des hohen Grades an Unzufriedenheit auf Seiten der Mitarbeiter sollte in Zusammenhang mit den anderen o. g. Extremwerten gebracht werden.

- Das Ergebnis des abgebildeten Beispiels weist insbesondere aufgrund der hohen Unzufriedenheit der Mitarbeiter auf die akute Gefahr von Fluktuation und erheblichen Leistungseinbußen hin. Akuter Handlungsbedarf ist angezeigt. Je nach Situation des Unternehmens sollten Mitarbeiter-Einzelgespräche (auch mit dem Abteilungsleiter) durchgeführt werden, um die Problem-Ursachen konkret zu analysieren und geeignete Lösungsstrategien zu entwickeln.

Allgemeine Empfehlungen:

- Es empfiehlt sich, die Methode „Mitarbeiter-Umfrage" nach einem angemessenen Zeitraum zu wiederholen, um erkennen zu können, ob die zwischenzeitlich eingeleiteten bzw. realisierten Maßnahmen zur Verbesserung bzw. Beseitigung der Schwachstellen den gewünschten Erfolg aus Sicht der Mitarbeiter zeigen.

- Die Ergebnisse der Mitarbeiter-Umfrage sollten den Mitarbeitern im Sinne eines Feedbacks mitgeteilt werden – konkrete Maßnahmen zur Verbesserung der betrieblichen Situation sollten transparent gemacht werden.

Formular für Ihre Mitarbeiter-Umfrage

Frage	Sehr gut	mittelmäßig	schlecht
1. Wie beurteilen Sie das Erscheinungsbild/Renommee der Firma Muster?			
2. Was halten Sie von der Struktur/der Aufbauorganisation?			
3. Fühlen Sie sich in Ihrem Unternehmen wohl?			
4. Wie bewerten Sie das Betriebsklima?			
5. Wie sehen Sie Ihre Aufstiegschancen?			
6. Wie beurteilen Sie die Weiterbildungsmöglichkeiten in der Firma Muster?			
7. Wie bewerten Sie die Sozialleistungen Ihres Arbeitgebers?			
8. Sind Sie mit der Arbeitszeitregelung zufrieden?			
9. Entspricht Ihre Tätigkeit Ihren Vorstellungen?			

Analysen zur Konkretisierung der Handlungsmaßnahmen   149

Frage	Sehr gut	mittelmäßig	schlecht
10. Können Sie Ihre Fähigkeiten an Ihrem Arbeitsplatz voll einsetzen?			
11. Wie empfinden Sie Ihre Arbeitsbelastung?			
12. Wie beurteilen Sie die Ablauforganisation in Ihrem Unternehmen?			
13. Wie sind die Mitsprachemöglichkeiten in Ihrem Tätigkeitsbereich?			
14. Wie bewerten Sie die Zusammenarbeit im Team?			
15. Wie bewerten Sie die Führungsfähigkeiten des Abteilungsleiters			
16. Wie bewerten Sie die Zusammenarbeit mit Ihrem Abteilungsleiter?			
17. Werden in Ihrer Firma Probleme offen diskutiert?			
18. Werden Team-Konflikte immer angesprochen und gemeinsam gelöst?			
19. Wie bewerten Sie den Führungsstil von Frau Muster?			
20. Wie bewerten Sie den Führungsstil von Herrn Muster?			

Frage	Sehr gut	mittelmäßig	schlecht
21. Wie werden Sie durch Frau und Herrn Muster motiviert?			
22. Wie werden Sie durch Ihren Abteilungsleiter motiviert?			
23. Werden Ihre Aufgaben mit Ihnen präzise besprochen und abgestimmt?			
24. Wird Ihre Meinung bei wichtigen Entscheidungen berücksichtigt?			
25. Wie beurteilen Sie die Einführung neuer Mitarbeiter?			
26. Ist Herr Muster aufgeschlossen für Anregungen und konstruktive Kritik?			

7. Schlusswort

„Jeder Mensch ist von Gelegenheiten umgeben. Aber diese existieren erst, wenn er sie erkannt hat. Und er erkennt sie nur, wenn er nach ihnen sucht!"

Edward de Bono

Auch in Ihrem Unternehmen gibt es wahrscheinlich Gelegenheiten und Potentiale zur Verbesserung. Mit Hilfe der drei Analysewerkzeuge können Sie Ihr Unternehmen in den Bereichen Innovationen, Qualität und Personalentwicklung mit geringem Aufwand auf den Prüfstand stellen und somit nach diesen Potentialen suchen.

Die weiterführenden Detailanalysen unterstützen Sie bei der Konkretisierung von Handlungsmaßnahmen und helfen Ihnen dabei, die identifizierten Gelegenheiten auch zu nutzen.

Die vorgestellten Analysen und Instrumente sollen dazu beitragen, die unternehmerischen Erfolgspositionen auszubauen oder zu verbessern, das Bewusstsein und den Einsatz für Qualität in Produkten und Prozessen zu erhöhen sowie das Unternehmensklima zu fördern.

Unternehmerischer Stillstand ist Rückschritt, denn heute und in Zukunft gilt:

„Wer aufhört besser zu werden, hat aufgehört, gut zu sein."

Philip Rosenthal

8. Literaturverzeichnis

Nagel, Kurt und Schröter, Jan-Henrik: Innovations-Radar für Personen, Verlag Wissenschaft und Praxis 2011

Nagel, Kurt und Menthe, Thomas: Die neue Rolle als Führungskraft, Verlag Wissenschaft und Praxis 2009

Nagel, Kurt: Der Mitarbeiter als Mitunternehmer, Verlag Wissenschaft und Praxis 2008

Nagel, Kurt und Stalder, Jürgen: Unternehmensanalyse, Verlag Moderne Industrie 2001

9. Angaben zu den Autoren und Service

Prof. Dr. Dr. habil. Kurt Nagel ist Praktiker und Wissenschaftler zugleich. Seit rund 40 Jahren berät er Inhaber und Entscheidungsträger der verschiedensten Managementebenen. Er hat eine Reihe von Systemen und Methoden für die praktische Unternehmensführung entwickelt und erfolgreich in die Praxis transferiert.

Seine Werkzeuge und Instrumente zur praktischen Unternehmensführung genießen eine hohe Wertschätzung bei Führungskräften, Mitarbeitern und Beratern. Kurt Nagel ist Herausgeber mehrerer Schriftreihen, Verfasser anerkannter Fachbücher (ca. 70 Bücher als Autor bzw. Mitautor auf dem Gebiet der Unternehmensführung) und Inhaber der Beratungs- und Weiterbildungsfirma „Systeme für Erfolg" mit Sitz in Sindelfingen. Prof. Nagel lehrte ca. 30 Jahre an der Universität Würzburg.

Systeme für Erfolg
Prof. Dr. Dr. habil. Kurt Nagel
Hohenstaufenstraße 8/3
71067 Sindelfingen

Tel: 07031 80 26 32
Fax: 07031 80 47 99

E-Mail: kurtnagel@t-online.de
Internet: www.gettop.de

Jan-Henrik Schröter (Betriebswirt, Bankfachwirt) unterstützt seit 10 Jahren als Berater und Manager mittelständische Unternehmer bei der strategischen Veränderung und Neuausrichtung.

Nach Stationen als Firmenkundenberater einer Großbank in Stuttgart und Seniorberater einer renommierten Beratungskanzlei im Raum Reutlingen begleitete er als Kaufmännischer Leiter das Ingenieurbüro Lauer & Weiss beim Aufbau des Unternehmens an Standorten in Fellbach und São Paulo (Brasilien).

Jan-Henrik Schröter ist Geschäftsführer der Beratungsfirma IMAGENT Ideenmanagement GmbH mit Sitz in Fellbach. IMAGENT unterstützt Unternehmer, Führungskräfte und Investoren bei der Generierung von Ideen, der Realisierung von Innovationen sowie bei der Umsetzung notwendiger Veränderungsprozesse.

Simon Hiller (Diplom-Wirtschaftsingenieur) begleitet mittelständische Unternehmen bei der Generierung, Bewertung und Umsetzung von Innovationen. Er hat eine Reihe von praktischen Analysetools konzipiert und umgesetzt.

Während seines Studiums an der Universität Karlsruhe (TH) und der Universität Linköping (Schweden) war er in verschiedenen Bereichen als Projektmanager bei einem großen Energieversorgungsunternehmen tätig.

Simon Hiller ist Junior-Berater der Beratungsfirma IMAGENT Ideenmanagement GmbH mit Sitz in Fellbach. IMAGENT unterstützt Unternehmer, Führungskräfte und Investoren bei der Generierung von Ideen, der Realisierung von Innovationen sowie bei der Umsetzung notwendiger Veränderungsprozesse.

Service für Unternehmer

Die Autoren freuen sich über Ihr Feedback zu den vorgestellten Methoden.

Wir bieten Ihnen gern an, Sie bei der Erstellung und ersten Auswertung

- ihrer Innovations-Bilanz,
- ihrer QM-Bilanz und
- ihrer PE-Bilanz

kostenlos zu unterstützen.

Bei Vorlage dieses Buches erstellen wir gern mit Ihnen gemeinsam Ihre ganz persönliche Innovations-/QM- oder PE-Bilanz.

Wir freuen uns auf Ihre Kontaktaufnahme.

In der RKW-Edition ist außerdem erschienen:

Prof. Dr. Dr. habil. Kurt Nagel
Jan-Henrik Schröter

Innovations-Radar für Personen
Methoden für Analyse- und Veränderungsprozesse

2012, 140 S., mit zahlr. Abb. u. praktischen Checklisten, € 20,00 ISBN 978-3-89673-610-9

Unternehmer, Führungskräfte und Mitarbeiter sind in der heutigen schnelllebigen Zeit einem komplexen Wandlungsprozess ausgesetzt. Oft sind sie darauf nicht optimal vorbereitet, was dazu führt, dass Sie in ihrer Leistungsfähigkeit eingeschränkt werden. Unübersichtliche Marktsituationen, Kosten- und Innovationsdruck oder auch private und berufliche Diskrepanzen tragen dazu bei.

Die Autoren geben mit dem „Innovations-Radar für Personen" dem Leser und Anwender die Möglichkeit, zielgerichtet und methodisch persönliche Verhaltensänderungen zu initialisieren, um Probleme und neue Herausforderungen bewältigen zu können.

Die von den beiden Autoren entwickelten Innovations-Methoden der 4-Radar-Module:
- Problem-Analyse,
- Selbst-Analyse,
- Umfeld-Analyse sowie
- Ziel- und Maßnahmenfixierung

unterstützen dabei die strukturierte Analyse Ihres persönlichen Innovations-Prozesses.

In der RKW-Edition ist außerdem erschienen:

Prof. Dr. Dr. habil. Kurt Nagel
Matthias Allgeyer

Unternehmes-Vital-Check

Punktgenaue Unternehmensanalyse

Persönlichkeit – Strategie – Finanzen – Innovation

2012, 74 S., mit zahlr. Farbabb., € 18,00
ISBN 978-3-89673-613-0

Der Unternehmens-Vital-Check bietet den Unternehmern eine einfache und schlüssige Übersicht über wesentliche Fragestellungen, nach dem Prinzip „Wo drückt der Schuh?". Über die einfache Erkenntnis hinaus bietet der Unternehmens-Vital-Check Handlungsempfehlungen aus der Beratungspraxis. Diese Handlungsempfehlungen sind der Auszug aus vielen Jahrzehnten Erfahrung mit kleinen und mittelständischen Unternehmen. Dieser Auszug an bewährten Ratschlägen wird den Antworten, die im Unternehmens-Vital-Check gegeben wurden, individuell zugeordnet. Die Empfehlungen geben genau auf die Frage und Antwort eine vertiefende Empfehlung, die der Unternehmer für seinen Fall ausgewählt hat.

Die Handlungsempfehlungen haben demnach den Charakter eines Kurzgutachtens. Ein individuell zusammengestellter Katalog an Ratschlägen, der nach dem gewissenhaften Durcharbeiten bereits einen Erkenntnisgewinn und damit eine realen Mehrwert ergibt.

Printed by Libri Plureos GmbH
in Hamburg, Germany